男言之癮

那些對女人說教的男人

蕾貝嘉・索尼特｜著
Rebecca Solnit
徐立妍｜譯

Men Explain Things to Me

自由學習 039

男言之癮

那些對女人說教的男人

作　　者　蕾貝嘉・索尼特（Rebecca Solnit）
插　　圖　安娜・泰瑞莎・費南德茲（Ana Teresa Fernandez）
譯　　者　徐立妍
封面設計　陳文德
內頁排版　薛美惠
企劃選書
責任編輯　文及元
行銷業務　劉順眾、顏宏紋、李君宜

總 編 輯　林博華
發 行 人　涂玉雲
出　　版　經濟新潮社
104 台北市民生東路二段 141 號 5 樓
電話：(02)2500-7696 傳真：(02)2500-1955
經濟新潮社部落格：http：//ecocite.pixnet.net

發　　行　英屬蓋曼群島商家庭傳媒股份有限公司城邦分公司
台北市中山區民生東路二段 141 號 11 樓
客服服務專線：02-25007718；25007719
24 小時傳真專線：02-25001990；25001991
服務時間：週一至週五上午 09：30-12：00；下午 13：30-17：00
劃撥帳號：19863813；戶名：書虫股份有限公司
讀者服務信箱：service@readingclub.com.tw

香港發行所　城邦（香港）出版集團有限公司
香港灣仔駱克道 193 號東超商業中心 1 樓
電話：25086231 傳真：25789337
E-mail： hkcite@biznetvigator.com

馬新發行所　城邦（馬新）出版集團 Cite(M) Sdn. Bhd. (458372 U)
41, Jalan Radin Anum, Bandar Baru Sri Petaling,
57000 Kuala Lumpur, Malaysia.
電話：(603) 90563833 傳真：(603) 90576622
E-mail： services@cite.my

印　　刷　漾格科技股份有限公司
初版一刷　2022 年 11 月 1 日

城邦讀書花園
www.cite.com.tw

ISBN：9786267195055、9786267195079（EPUB）　

定價：380 元　Printed in Taiwan

獻給所有的祖母、追求平等的人、夢想家、能夠理解的男性、
不斷前進的年輕女性、開闢道路的年長女性、
永無止盡的對話，
以及一個能夠讓艾拉・納奇莫維茲
（Ella Nachimovitz，2014 年 1 月出生）完全盛放的世界。

導讀

男言之癮：女性已經得到言論自由了嗎？

文／林芳玫（臺師大臺文系教授）

女性得到了言論自由嗎？這問題似乎屬於威權國家才會出現的問題，如是是在美國，或是在台灣，這怎麼會是個值得提出的問題？這兩個國家不都是民主國家嗎？

蕾貝嘉．索尼特所寫的評論集《男言之癮：那些對女人說教的男人》，這本書的文筆詼諧幽默，題材則相當沉重，從性騷擾與性侵害，到第三世界國家的債務問題與糧食問題，我們可藉此深思：言論自由並非講話不會被當成政治犯送到監牢裡，這樣就有言論自由。

如果女性的發言不具有可信度，男性總是自以為是，認為他們可以主宰與界定女人對自己、對日常生活周遭環境、對世界的認知，抹除其發言的正當性，那麼女性即使有說話，也等於沒說話。她們闡述自己遭受性騷擾與性侵害的經驗，卻被視為是妄想、誇大、神經質、想要勒索金錢。

性騷擾與性侵害不只是身體自主權遭受侵犯，更是女性的訴說、女性對自身經驗的詮釋，整個被否認，這種被漠視的經驗，許多女性都感受過。即使妳沒有被性騷擾過，妳一定也碰過男性以指導者身分，對妳滔滔不絕提出建議，絲毫沒想到妳自己可能就是這方面的專家。妳知道的比他還多，他卻把妳當幼稚小孩，可以對妳說教。

作者蕾貝嘉．索尼特是作家與歷史學家，並參與各種社會運動。此書的開頭，也是此書的寫作動機，非常生動有趣。作者描述自己去參加一個歷史悠久、聲譽卓著的研討會。散會之後一位年長男性主動找作者攀談，得知她出版過某些書，建議她一定要參考某人著作，然後自己滔滔不絕，不讓蕾貝嘉有任何回應機會，她只能沉默地聽訓。男人喜歡自以為是的對女性說教、滔滔不絕，形成所謂「男言之癮」。

那麼這與性騷擾及性侵害有甚麼關係？作者認為性騷擾與性侵害並

非特殊個案，而是一個文化結構，在這個結構裡，不承認女性述說自己經驗的正當性與可信度。雖然只是討論特定案例，但許多男性聽到這些發言卻極不舒服，為了讓男性不要覺得不舒服，這個需要蓋過女性的發言與認知。針對那些覺得受到侵犯的女性——不管是性侵害還是日常生活中被說教，都會出現「慈悲」的男性，出來指導女性不要自卑：妳有難受的感覺，那是妳自己主觀選擇的，妳可以選擇不要這樣感受。舉著「正向思考」的大旗，女人訴說被誤解、被歧視的經驗失去正當性。在這樣的情況下，我們還能沾沾自喜的覺得民主體制的國家，人民就自動享有言論自由嗎？

作者對性別權力關係的觀察，擴及各項國際重要議題。比如曾轟動一時的案件，而後又被媒體大眾迅速忘記的，是「國際貨幣基金」（ＩＭＦ）法國籍主席在二〇一一年於紐約高級旅館的套房強暴非洲來的女性清潔人員，她勇敢公開此事，司法單位也大動作介入調查，最後卻以該女性說詞反覆、說謊等理由判決無罪。女方律師提出民事訴訟，最後男方律師同意以高額價錢解決此案。刑事案與民事訴訟兩種不同的結果，顯示受侵害女性在司法體系中的無奈。

作者所欲探討的，不只是一件醜聞，不只是一個性騷擾事件，而是國際貨幣基金這個組織本身存在的目的與結果。該組織借貸給第三世界窮國，讓他們購買買美國等農業大國的農產品，並以貸款來發展工業。但實際的結果卻是窮國原本擁有的農業遭受打擊而崩盤，國家背負債務，而工業也未能發展。這樣的國際組織，其實展現了國際秩序下的貧富差距，也如同性別關係中的失衡與不平等關係，讓弱勢的一方沒有發言權、無法決定自己的未來。

國內女性主義書籍已是汗牛充棟，為何還要出版此書？這本書不只是談性別權力關係，還擴及國際關係與全球視野，讓女性主義不只是關切女性的地位，而是與各種弱勢者的發聲努力結合，展望一個充滿困難、挑戰與希望的未來。

推薦序

女人不是生來為聽話：索尼特與「反對教訓」

文／張亦絢（作家）

我偶爾會「微服出巡」。很久以前我就知道，當女人以作家或女性主義者身分面世，人們對自己的意見會比較包裝，也會阻礙我了解「世間的真相」。最近一次的「微服出巡」，讓我大開眼界。我將那個過程命名為「迷妹訓練」——與我談話的兩個男人標榜自己能力與地位的程度，使我了解，一些因為崇拜男性而受害的女性，並不是生來就矮人一截，而是存在一套父權語言策略，誘導、煽動並獎勵，女人陷入次等化的圈套中。在插曲的尾聲，兩名男人甚至想要把我帶去向一名男作家要簽名。我決定放他們一馬，因為如果我被認出，他們三人都會非常尷尬。事件的重點，並不在於我「剛好」不在男人預設中，「眼汪汪」地看著男人的女人。因為即使是比我年輕得多、連一行字都沒寫過的女人，也不該被用這種方式對待。

不是反對男人說話，而是反對男人系統性地做為不請自來的「上級指導員」，是《男言之癮》首篇略帶戲謔的主題，也是全書的伏流。英國的古典學者瑪莉・畢爾德（Mary Beard），在《女力告白：最危險的力量與被噤聲的歷史》（*Women & Power: A Manifesto*）這本博學又簡潔的小書裡，處理女性公開發言的相關主題，她是這樣說的：「依據荷馬所述，男人的成長過程有個不可或缺的要素，就是學習掌握公開言論並且壓抑女人的聲音」。如果女人不了解相關歷史與運作，就會掉入學者稱為「隱伏性的創傷」中，沒有對策、不懂自保，且內化被持續打擊的暴力。

這個問題，還沒成為歷史。根據畢爾德的觀察，目前女人雖然能夠掌握發言權，但往往必須付出比男性更大的代價。

讓我們從中文世界的經驗切入。「教訓」有幾個不同的意思。一指使用言語教導、糾正或斥責，一是消除某個人或某個群體的權力（消權），還有一個用法則是，以肢體暴力執行私刑。說出「要給某人教訓」的人，通常表示要去毆打對方。言語、政治或肢體暴力——這三者其實是一體，啟動者都自居領導與仲裁，把對話者當成下屬或「欠教者」。在家暴與性侵加害者的語言裡，我們經常看到這三種形式的分進合擊。在對殖民主義、資本主義或種族主義的批判裡，稱這種「聽訓」的被壓迫處境為被迫「幼齡化」，《男言之癮》則針對父權主義。這些都是可以互相參照的。

作者蕾貝嘉・索尼特（Rebecca Solnit）關心的，是畢爾德所說（父權）「文化模組」問題，也就是並不只是個別女人在日常生活中被煩、被阻、被貶抑，而是造成現象更根本的文化謬誤運作。換言之，這本書是放眼下游到上游，力圖「正本清源」之作。索尼特特別重視「連動性」——看出「男性說教」漣漪般的擴散與勾串效應。因此，她的女性主義書寫實踐，也充滿了游擊式的機動性。

女性主義散文（論述），是比女性主義理論更加有傳統的文類，兩者常互相啟發。更廣義來說，「女散」也包括了女性在文學、政治抗爭與藝術領域中，留下的豐富表達遺產。著名的《第二性》或作者特別致敬的維吉尼亞・伍爾芙（Virginia Woolf，一八八二——一九四一），其實只佔全部的一小部分（但影響已非同小可）。我曾看過法國編成參考書的女性主義文選，莒哈斯在被收錄的文章裡，一無所懼地道，男人應該學會該閉嘴時，就要閉嘴。可見某種男性口水氾濫，連對男性比較假以辭色的莒哈斯都受不了。

這個女性主義文類，往往有以下特色：初始非常新奇，帶有「言人未言」的突破性或異議性，經過一定時間後，進行性別改革的先見性，則會更鮮明。我在讀《男言之癮》時，不時都有作者「好正港」的喜悅感——作者提及她有交遊的前輩，包括傳奇的女性主義策展人露西．利帕德（Lucy Lippard，一九三七—）！我讀到時，忍不住「哇喔」了一聲（可能還有點嫉妒，哈）。如果妳（你）對這個文類不陌生，本書想必會帶來溫故知新的振奮感。如果妳（你）從未接觸，我誠摯地邀請妳（你）開啟這個可能性——閱讀有時就是性命攸關的事。這些話語之所以說出來，為的是讓所有曾被不在乎的妳（你），知道不但有人在乎，而且還是很有方法與恆心地，深深在乎。

推薦序

「她沒有後退，而且她並非獨自前行」：從「男言之癮」到性別之戰

文／虹風（小小書房店主）

因為「他們」就是停不下來

在社群平台上，我有時會看到有網友氣憤於那些認為臺灣女權已經「太平等」、甚至「超過了」的言論，並且展開反擊：「什麼叫做『太平等』，講講例子啊」；或是發起hastag「＃我來說說臺灣女權一點都沒有『太平等』的實例」的創意推文。臺灣的性別氛圍，的確已經跟一九九〇年末期，我二十幾歲的青春時代很不一樣，不過，這不代表性別平權已經實現。直到現在，對於全球多數女性（包括臺灣）、LGBTQIA來說，性別，

依舊是攸關生命的要事。在生命的每一個階段，身為女性、或是非主流性別，都必須耗費無數的時間、精力，以證明自己的存在。雖然索尼特從第二章〈最漫長的戰爭〉開始，砲火全開地從性別議題裡最嚴重的、卻也是最容易被忽視、隱匿的性侵害／性暴力切入，然而，她的暖場篇章，則是多數女性並不陌生的 mansplaining 場景開始。

什麼是 mansplaining？這詞是從網路世界中被激發、創造出來的詞彙，由於經常被誤認為是索尼特所創，她在後記裡大略地講述了該詞出現的歷程——臺灣多半翻譯成「男性說教」、「男言之癮」。相當貼切。因為，「他們」就是停不下來。

我說「他們」，特指有這樣癮頭的男性（很遺憾的，這一邊數量眾多），不是**所有的**男性（相當令人欣慰的，不在那一邊的男性，開始有增加的趨勢）。

身為女性而被質疑話語權，英美文學史上有個很有名的「爭論」：《科學怪人》到底是誰寫的？甚至有「獨立學者」出書論證，這本書不可能是沒有受過多少正規教育的瑪莉·雪萊（Mary Shelley，一七九七—

一八五一）所寫，她的名詩人丈夫雪萊才是真正的作者云云。針對類似的質疑，英國詩人、評論家，也是瑪麗・雪萊的研究者費歐娜・桑普森（Fiona Sampson，一九六三—）反問：「為什麼這麼難相信是她寫的？」*

要在數百年由男性掌權的英國文壇裡殺出一條血路不是簡單的事，你想起吳爾芙嗎？沒錯，索尼特在這本書裡有很重要的一個篇章，正是致獻給這位可敬的前輩。

最漫長的戰爭：性別之戰

不過，這並不是一本「數落男性說教」之書，而是梳理女性所遭遇的、危及生命現實之書：性騷擾、性侵害、性暴力、職權侵害、同工不同酬、性別天花板、老年羞辱……尤其針對女性所遭受的性暴力，索尼特一針見血地指出：「我們大多不會談論這件事，不過網路上倒是流傳著一張圖，

* Frankenstein at 200 – why hasn't Mary Shelley been given the respect she deserves? https://bit.ly/3e06T4k

主題是『終結強暴的十大訣竅』」（頁五四）。受害者要做的事太多了，但我們花多少時間去告訴人們：不要成為加害者？

她緬懷裘蒂・辛格（Jyoti Singh，一九八九－二〇一二），即是二〇一二年發生於新德里震驚全球的公車輪姦殺人案的受害者，此案引爆了印度數千名抗議者與政府發生衝突。那些被傷害的女性，肯定也是某些男性的母親、女兒、姐妹、妻子，你怎麼可能不為她們而戰？很多人並不清楚，性侵害／暴力事件有很高的比例，正是來自於女性所認識、甚至熟識的人。

在這場戰役裡，臺灣在性平教育、性侵害案件的通報、處理及防治上的大幅度推進，遺憾地，也是生命換來的：一九九六年婦運健將彭婉如疑似遭受性暴力身亡，《性侵害犯罪防治法》終於在她遇害的隔年通過施行。彭婉如的遭遇並非特例，因為性暴力而殞落的生命，對每一個女人來說，都提醒了一件事：如果你不抗爭，無處是安全之所。奪回你的黑夜權，奪回你的人權，事情必須要有所改變。

一個樂觀的悲觀主義者

「你可以廢止女性在一九七三年獲得的生殖權，當時最高法院透過羅訴韋德案（Roe v. Wade）而讓墮胎合法化［…］」（頁一八八）

而它真的被廢止了。

這不是說索尼特希望她發生，而是她很清楚這場戰役有多艱難：女性好不容易爭取來的權益，轉身可能就又被奪去。

二〇二二年六月二十四日，美國最高法院推翻「羅訴韋德案」，裁定女性墮胎並非憲法賦予的權利。索尼特在一個星期後的衛報專欄裡，首先回顧了《女權辯護》（*A Vindication of the Rights of Woman*，一七九二年）的作者沃斯通克拉夫所開啟的女權思想——瑪麗・沃斯通克拉夫（Mary Wollstonecraft，一七五九—一七九七），即是瑪麗・雪萊的母親。向兩百三十年前的前輩致敬後，她重申：「你可以通過法律手段剝奪一項權利，但你無法輕易地剝奪對這項權利的信念。」

此書即是索尼特與全球女性書寫、發聲、抗爭同行之作，並且邀請來自男性的覺醒與反省，一步一步，一起改變這場漫長戰役的樣貌。而在這篇推薦文撰寫的過程裡，印度最高法院於二〇二二年九月二十九日裁決：婦女不論婚姻狀況均有墮胎權。我想起索尼特的話：「路就在這裡，或許有一千里長，而走在路上的女性並非走在第一里路上。我不知道她還要走多遠，但我知道，無論如何她沒有後退，而且她並非獨自前行，或許還有無數的男男女女，以性別認同更加有趣的人們。」（頁二〇五）

目次

第一章

男言之癮

二〇〇八

插圖請參考：

https://anateresafernandez.com/pressing-matters/pmatters05/

我還是不知道莎莉和我何必自找麻煩，跑去亞斯本（Aspen）山中森林裡的那場派對，宴會上的人年紀都比我們大也出奇無趣，他們老到即使我們兩人都已經四十好幾，還是足以稱為派對上的年輕女士。房子非常漂亮（如果你喜歡羅夫．羅倫〔Ralph Lauren〕風格的小木屋），這間堅固的木屋位於九千英尺的高山上，屋裡裝飾著馬鹿角、原住民風格的編織毯以及燒柴取暖的壁爐。我們正打算離開的時候，主人卻開口了：「別走，再待一下子跟我聊聊吧。」這位氣宇軒昂的男性賺了非常多錢。

他讓我們一直等待著，看著其他賓客陸續起身離開走入門外的夏夜中，然後才帶我們在他那張紋理分明的木桌前坐下，對我說：「怎麼樣？聽說妳寫了幾本書。」

我回答：「確實寫了好幾本。」

他說話的樣子就像在鼓勵朋友十七歲的孩子談談自己的長笛練得如何，「那妳的書都在寫什麼？」

其實這幾本書的主題都大相逕庭，當時已經出版了六、七本，不過我只開口談起二〇〇三年夏天最新出版的那一本，書名是《陰影之河：

埃德沃德・邁布里奇與發展科技的蠻荒西部》（*River of Shadows: Eadweard Muybridge and the Technological Wild West*），這本書寫的是時空概念的滅絕與日常生活的工業化。

我提到邁布里奇之後他很快就打斷我：「那妳有沒有聽說今年剛出版了一本討論邁布里奇的**非常重要**的著作？」

對方已經指定要我扮演天真無邪的少女，而我也入戲頗深，因此完全願意考慮，或許同一時間可能還出版了另一本討論同樣主題的書，而我不知為何竟忽略了。他已經開始跟我談起那本重要著作，臉上掛著那種我太過熟悉的得意洋洋，一個男人滔滔不絕時就會如此，雙眼直直盯著自身權威國度那模糊的遙遠地平線。

這裡容我先聲明，我生活中存在著許多友善的男性，從我年輕時起遇過的編輯名單也有一長串，不過他們都願意聆聽我說的話、給予鼓勵並幫我出版著作，還有我總是無比慷慨的弟弟，也有最棒的朋友，我還記得在佩倫老師課堂上講解喬叟的《坎特伯里故事集》（*The Canterbury Tales*）中有一位書記，而這些朋友可以說就像這位書記一樣：「他既樂於學習也樂於教導。」不過，也有像他這種其他男性。於是，重要著作先生就這樣自鳴得意地談論著這本我應該要知道的書，然後莎莉打斷了他說：「那就是她寫的。」總之她想要打斷他的話。

但他還是自己講個不停，莎莉得說「那就是她寫的」三、四次，然後他才終於聽進去。接著就像十九世紀小說裡的情節一樣，他臉上沒了血色，我確實就是那本重要著作的作者，結果他根本沒讀過，只是幾個月前在《紐約時報書評》（*New York Times Book Review*）上看過，他的世界原本整理成井然有序的分類，如今顯得混亂無章，讓他驚嚇到說不出話來——但只維持了一下子，接著又是雄辯滔滔。身為女性，我們很有禮貌地走到他聽不見的地方才開始大笑，而且一笑就實在停不下來。

我喜歡那樣的事件，通常隱身暗處而難以明指出來的力量，突然從草叢中探出頭來，那樣顯眼，就像吞下了一頭牛的大蟒蛇或者地毯上的大象糞便。

沉默的滑坡

沒錯，兩種性別的人們都會在各種場合突然冒出頭來，大談不相關的事情和陰謀論，不過在我的經驗當中，像這樣在全然無知的情況下還大搖大擺拿出挑釁般自信的，確實有性別之分。男人總會向我和其他女人諄諄教誨，無論他們自己知不知道在講什麼，有些男人是這樣。

每個女人都懂我在說什麼，而有時候，這樣的預設心態對任何領域的女人來說都很難做：讓女人無法發聲，而就算她們膽敢開口也沒人會聽；這樣的動作就和在街上的騷擾一樣，將年輕女性壓迫得不敢說話，讓她們清楚這不是她們的世界。這樣的心態將我們訓練成自我懷疑、自我限縮，同時也助長了男性毫無根據的過度自信。

說起來或許不會令我感到意外，美國自二〇〇一年起的政治局勢發展軌跡受到各種影響，比方說其中之一就是未能聽取前聯邦調查局探員柯琳・羅利（Coleen Rowley）的警告，她很早就提出蓋達組織具有威脅，另外當然還包括聽不進任何建言的布希政府，例如伊拉克和蓋達組織毫無關聯，而且也未持有大規模殺傷性武器，又或者這場戰爭不會只是「小菜一碟」（即使男性專家也無法滲透這座趾高氣昂的堡壘）。

傲慢或許跟這場戰爭有點關係，但這個症狀卻幾乎是每個女人每天都要面對的戰爭，也是女人與自己內心的戰爭，也就是相信自己是多餘的、願意保持沉默，即使身為作家似乎是相當不錯的職業（許多研究和事實都確切表明如此），卻也不能讓我完全拋開這種信念。畢竟當時也有那麼一會兒，我願意讓重要著作先生和他傲慢的自信推倒我更為動搖的確定性。

別忘了，我比大多數女人更加確信自己有權思考並發聲，而我也學會了，稍微抱持自我懷疑是很好的工具，有助於修正、理解、聆聽及進步，但是太多則會令人動彈不得，而完全的自信又會製造出傲慢的白癡；各個性別就在這兩種極端之間游移，而其中有一段令人開心的中庸之道，我們都應該抵達這段互相讓步的溫暖赤道帶。

我們的處境有些比較極端的版本，例如在中東國家的女性證詞並不具有法律效力，因此女人無法出庭作證自己遭到強暴，除非有男性證人能夠反駁男性強暴犯，而幾乎沒有這樣的狀況。

可信度是基本的生存工具。我年紀很輕時，才剛開始搞懂女性主義是怎麼回事、為何有其必要性，當時我男朋友的叔叔是位核子物理學家，某年聖誕節他聊起他們核彈工程人員居住的郊區社區中，一位鄰居的妻子大半夜全身赤裸跑出家門，大喊著她丈夫想要殺她——口氣就像這是段輕鬆有趣的故事。我問道，你怎麼知道他沒有想要殺她？他耐著性子解釋說，他們都是受人敬重的中產階級，因此她丈夫想要殺她，根本不足以解釋她為什麼要逃離家中大喊著她丈夫想要殺她，不過話說回來，要是說她瘋了……

即使要拿到禁制令這項相當新穎的法律工具，也需要獲得能夠說服法庭的可信度，讓法庭知道某個男人具有威，然後讓警察來執行命令。總之，禁制令通常也沒有用，暴力是讓人閉嘴的一種方法，能夠奪走人們的聲音與可信度，藉此主張自己的控制權凌駕於他們的生存權之上。在美國，每天大約有三名女性遭到配偶或前配偶謀殺，這是美國懷孕女性的主要死因之一。女性主義不斷努力爭取要讓強暴、約會強暴、婚內強暴、家暴和職場性騷擾在法律上足以成罪，而其核心就是必須讓女性具有可信度、讓女性能夠發聲。

我傾向認為是因為人們開始認真看待這類行為，女性才獲得了身為人類的地位，也就是自一九七〇年代中期之後，法律界開始討論那些阻止女性、殺害女性的重大事件；也就是說，那已經是我出生很久以後的事了。而若是有人打算反駁說，職場性迫害並非危及生命的問題，請記得年僅二十歲的美國海軍陸戰隊准下士瑪麗亞・勞特巴赫（Maria Lauterbach），那個冬日夜晚顯然是遭到軍階比她更高的同僚殺害，因為她正準備作證表示他強暴了她，後來在他後院的火坑中發現了她身懷六甲的燒焦遺體。

聽到男性斷然表示，他知道自己在說什麼而她不懂，無論在對話中佔了多小一部分，都是延續著這個世界的醜惡並遮蔽了其光明。在我的書《浪遊之歌》（*Wanderlust*）於二〇〇〇年出版後，我發現我比較能夠拒絕讓別人透過霸凌而改變自己的認知與詮釋，大約在當時，我有兩次反對一位男性的行為，結果別人卻告訴我，這些事的經過根本不像我說的那樣，我太主觀了、妄想、庸人自擾、不老實——簡單來說，我就是個女人。

在我人生中大多數時間我會懷疑自己並退下，不過身為一名歷史作家讓我有了公眾地位，能夠堅定立場，但是鮮少有女性獲得這樣的支持，而在這居住了七十億人口的地球上，在我之外還有上億女性都聽說過，她們對自己的生活經歷而言並非可靠的證人，而真相不屬於她們，現在不是、未來也不會是。這樣的心態已經遠遠超過了男言之癮，但是同樣屬於名為傲慢的那一長串群島。

但是，男人還是好為人師，而且從來沒有哪個男人為了自己錯誤的解釋、其實我知道而他們不知道的事情道歉。至少目前還沒有，但是根據精算的生命表來看，我或多或少大概還有四十幾年的壽命，因此有可能發生，只是我不會樂觀地屏息以待。

女性的兩條戰線

在亞斯本遇見那個白癡的幾年後，我到柏林演講，一位馬克思主義作家塔里克．阿里（Tariq Ali）邀請我出去吃晚餐，同行的還有一位男作家、翻譯以及三名年紀比我小一點的女性，而她們在晚餐期間都表現得十分恭敬，大多時間保持沉默。塔里克非常棒，或許那位翻譯對於我堅持在對話中表現謙遜的樣子而感到惱怒，不過當我談起了一九六一年創立的女性為和平抗議（Women Strike for Peace）這個了不起而鮮為人知的反核武、反戰團體，說到她們參與打垮了不斷獵捕共產主義分子的眾議院非美活動調查委員會（House Committee on Un-American Activities，HUAC）時，非常重要先生二號對著我冷笑兩聲，他堅稱說HUAC在一九六〇年代早期根本還不存在，再說HUAC的垮台行動中也沒有女性團體扮演這樣的角色。那樣惡狠狠的指責、那樣咄咄逼人的自信，若是跟他爭辯似乎只會是無謂的恐怖經驗，還會招來更多辱罵。

我想當時的我已經寫了九本書，其中一本就是引述了關於女性為和平抗議團體的重要文件與訪問而成，但是熱愛解釋的男人仍然認為我就像一個空容器，這也是某種猥褻的受精譬喻，有待他們以智慧與知識填滿。支持佛洛伊德學說的人會聲稱知道他們擁有什麼而我缺乏什麼，但智力並非存放在胯下——即使你可以用「小弟弟」在雪地裡寫下維吉尼亞・吳爾芙（Virginia Woolf，一八八二—一九四一）有如樂曲一般的冗長文句，用那些帶著音樂的文字描述不動聲色地征服女性。我回到旅館房間在網路上搜尋了一下，發現艾瑞克・班特利（Eric Bentley）在確切描寫眾議院非美活動調查委員會的歷史時，認為女性為和平抗議團體「在HUAC的巴士底監獄淪陷中發出重要的一擊」，就在一九六〇年代早期。

於是我開始根據這段對話撰寫一篇文章（討論珍・雅各〔Jane Jacobs〕、貝蒂・傅瑞丹〔Betty Friedan〕以及瑞秋・卡森〔Rachel Carson〕等知名女性），打算刊登在《國家》（*Nation*）雜誌上，一部分也是為了向那些曾經對我高談闊論的討厭男人喊話：老兄，如果你讀到這篇文章，你是人類臉面上的一顆癰疽、是文明的阻礙，好好羞愧一番吧。

與男言之癮的戰役已經擊倒了許多女性，包括我的世代、接下來我們十分倚賴的未來世代，在這裡以及巴基斯坦、玻利維亞和爪哇等地，更別提還有在我之前的無數女性，她們無法進入實驗室、圖書館或者參與談話、革命，甚至是人類這個群組。

畢竟，創立了女性為和平抗議團體的女人就是厭倦了泡咖啡、打字，卻在一九五〇年代的反核運動中無法發聲也無法參與決策。大部分女性都有兩條戰線，一條是為了討論各種假定的主題，另一條則單純是為了自己有權說話、有想法、讓對方認同自己知道事實與真相、擁有價值、生而為人。情況已經愈來愈好了，但這場戰爭在我有生之年還不會結束，我仍在戰鬥，當然是為了我自己，但也是為了所有有話要說的年輕女性，希望她們終將能夠開口表達。

後記

二〇〇八年三月的某一晚在餐桌上，我就像過去常常那樣，開著玩笑說我要寫一篇文章叫做〈男言之癮〉。每位作家都有許多養在馬廄裡的想法從來沒能站上賽道，而我不時就會帶這頭小馬出來外頭活動活動筋骨。招待晚餐的屋主瑪麗娜．辛特林（Marina Sitrin）是聰明的理論家兼活動家，堅持要我必須寫下來，因為像她妹妹珊珊這樣的人都必須一讀，她說年輕女人必須知道，遭人貶低並不是因為她們不知哪裡失敗了，而是無聊的古老性別戰爭，而且身為女性的我們大多數人在某個時間點都曾經發生過。

隔天一大早我坐在桌前便一口氣寫完了，若是文章能夠這麼快就自己成形，顯然在我腦海深處某個未知的角落老早就開始自行構思了。這篇文章希望能被寫下來，焦躁不安地想踏上賽道，在我坐在電腦前的那一刻就開始跨步奔馳。因為在那段日子，瑪麗娜都起得比我晚，於是我在早餐時拿給她看，當天稍晚就寄給了湯姆通訊（TomDispatch）的湯姆．恩格爾哈特（Tom Engelhardt），他很快也就將文章發表上線。文章迅速傳播開來，通常湯姆放上網站的文章都是這樣，然後再也不會停止流通，就這樣不斷有人轉貼、流傳、分享並留言評論，我的文章從來沒有像這樣廣泛傳播過。

這篇文章撥動琴弦引起了共鳴，也觸及了痛處。

有些男人解釋著為什麼男人愛對女人說教並非真的是性別現象，通常接著就會有女人點出，他們這樣堅持認為自己有權駁斥女人自稱有過的經驗，這些男人正好就成功詮釋了我說他們有時會出現的行為（必須聲明，我確實相信女性也會自以為是地說教，對象也包括男性，但這並無法說明以更加邪惡形式出現的其他普遍權力落差，或者是性別在我們社會中運作的廣泛形式）。

其他男人則能理解並保持冷靜，畢竟這篇文章寫成的年代中，男性的女性主義者存在已經比較有意義，而且女性主義也比過去有趣得多。但是並非每個人都知道女性主義很有趣。二〇〇八年，我收到一封來自印第安納波利斯（Indianapolis）年長男性的電子郵件，他寫信來告訴我，他「無論是私底下或工作上都從來沒有虧待女性」，接著開始責備我沒有和「比較正常的男人」來往，「或至少事先要做點功課」，然後他給了我一些建議，告訴我該如何過生活，並且對我的「自卑感」好好評論一番，他認為遭人瞧不起是女性選擇感受到的經驗，而大可以選擇不要感受——所以一切都是我自己的錯。

接著出現了一個叫做「學術界男言之癮」的網站，還有上百名大學中的女性分享自己遭到說教、貶低、說服和其他等等故事。文章出現之後，很快就有人造出「男言」(mansplaining）一詞，有時會有人認為是我的傑作，事實上我跟這個詞彙的創造並無關係，但是我的文章以及所有體現了這個概念的男性顯然是靈感來源（我對這個詞彙有所疑慮因此自己不常使用，在我看來似乎太過嚴重，認為男性生來就具有這樣的缺點，而不是只有某些男人會在自己不該說話的時候滔滔不絕、該聆聽的時候又充耳不聞。如果討論中不夠清楚，我很樂意有人向我解釋他們所知道的東西，而我也有興趣知道自己尚未知道的事情；問題只在於他們要跟我解釋我已經知道的而他們並不懂，這時對話才會走歪）。到了二〇一二年，「男言」一詞已經在主流政治新聞中使用（也是二〇一〇年《紐約時報》的年度單字之一）。

唉呀，這是因為與時事正好契合的緣故。湯姆通訊在二〇一二年八月再次刊登了〈男言之瘾〉一文，好巧不巧，差不多就在同一時間眾議員陶德·艾金（Todd Akin，共和黨，密蘇里州）便發表了惡名昭彰的論點，認為我們不需要讓遭到強暴的女性能夠墮胎，因為「如果確實是強暴，女性的身體就會想辦法阻止整件事」。那一年的選舉一邊是保守派男性主張的各種支持強暴、違反事實的瘋狂論述，而另一邊則是女性主義者強調這就是為什麼我們需要女性主義、為什麼這些傢伙很可怕，這撮胡椒與鹽主導了選舉的味道。我很高興能夠成為這場對話中的一股聲音，而這篇文章再次廣為流傳。

共鳴、痛處，在我寫作的同時這樣的衝突仍然四處流通。這篇文章的目的從來就不是要說我認為自己遭受到明顯的壓迫，而是要讓這些對話點出問題所在，為男人敞開了空間卻對女人關閉，讓她們沒有空間能夠說話、有人聆聽、擁有權利、參與、受人敬重，以及成為完整而自由的人。在客氣的對話中，這是權力表達的一種方式，而在不客氣的對話、恫嚇與暴力的實際行為，以及通常在世界組織運作的方式中也存在著同樣的權力，這股力量會讓女人噤聲，抹除、消滅了女性的存在，讓她們無法與男性平等、無法參與，也無法成為擁有權利的人，甚至常常根本不是活生生的人。

女性不斷為了能受到人類的待遇而戰鬥，爭取擁有生命、自由以及追求參與文化及政治場域的權利，這場戰爭仍在持續當中，戰況有時也相當慘澹。我在撰寫這篇文章時也感到很意外，開頭是一件有趣的事件，結尾卻是強暴與謀殺，讓我明白了情況的持續發展，是如何從微小的社交悲劇逐漸壯大成為以暴力噤聲與暴力致死（而且我認為若是要更加理解厭女和對待女性的暴力，就應該整體看待濫用權力的問題，而非認為家暴有別於強暴、謀殺、騷擾與恐嚇，網路上有別於家庭內、職場上及街道上的事件；若能放在一起看，模式就更加明顯）。

能夠站出來說話是一個人擁有生存、尊嚴及自由的基本權利，我很慶幸自己經過早年遭到噤聲（有時手段相當暴力）之後，成長為能夠發聲的人，總會有事件提醒著我為無聲之人的權利發聲。

第二章

最漫長的戰爭

二〇一三

插圖請參考：

https://anateresafernandez.com/ablution/ab01/

在美國國內每六．二分鐘就會收到一起強暴案報案，每五位女性當中就有一人在一生中會遭到強暴，然而二〇一二年十二月十六日在印度新德里（New Delhi）發生一名年輕女性在公車上受暴後遇害，這條新聞卻被當成了非比尋常的事件。俄亥俄州史杜本維爾高中（Steubenville High School）幾名足球隊隊員性侵了一名失去意識的少女，這起事件的後續發展仍在進行當中，而輪暴案在這裡也並非那般罕見，你自己選吧：克里夫蘭（Cleveland）一名十一歲女童遭到二十名男性輪暴，其中幾人在不久前才剛被判刑；加州里奇蒙（Richmond）十六歲少女遭輪暴案的主使者也在二〇一二年秋天被判刑，同年四月在紐奧良（New Orleans）附近輪暴十五歲少女的四名男性也遭判刑，但是那年在芝加哥（Chicago）輪暴十四歲少女的六名男性則仍在逃。也不是說我刻意去找這些案例，新聞上到處都有，只是沒有人將這些案子集結起來，並指出或許其中確實有跡可循。

但是確實存在著對女性使用暴力的模式，涵蓋範圍甚廣而深、令人驚駭，而且總是遭到忽略。偶爾會有某件案子涉及到名人或者聳動的細節，而在媒體上吸引眾人目光，但是這樣的案子都會被視為特例，然而無論是在這個國家內、其他國家、包括南極洲在內的各大陸上，明明就還有很多暴力對待女性的新聞事件，為這條新聞搭建起了某種背景壁紙。

如果你寧可討論公車強暴案而非輪暴案，當年十一月在洛杉磯的公車上一名發展遲緩的女性遭到強暴，今年冬天在加州奧克蘭（Oakland）的地方運輸鐵路系統上，也有一名十六歲的自閉傾向少女被綁架，在遭綁的兩天當中不斷受到綁架犯的性侵，另外最近在墨西哥市（Mexico City）的公車上也有多名女性遭到輪暴。就在我寫作當下，我讀到印度又有一名搭公車的女性被綁架，整晚遭受公車司機及其五名友人輪暴，而他們顯然認為新德里發生的事情棒呆了。

在美國以及這個地球上，到處都有許多女性遭受強暴以及暴力的案例，只是我們幾乎從來不曾視為民權或人權議題、也不認為這是一種危機或甚至是模式。暴力不分種族、階級、宗教或國家，但確實有性別之分。

在這裡我想說一件事：雖然犯下這類罪行的兇手基本上都是男性，但這並不代表所有男性都會使用暴力，大部分男性不會。而且，男性顯然也會遭遇暴力，大部分是由其他男性下手，而每一件暴力致死的案件、每一次攻擊都很可怕。女性也確實有可能會對親密伴侶使用暴力，但近期的研究指出，這些行為通常不會造成嚴重傷害，更遑論死亡；另外，遭到伴侶殺害的男性通常是在自衛行動中死亡，而親密暴力則讓眾多女性進了醫院及墳墓。不過這裡的主題是討論男性對女性使用暴力的普遍性問題，受害者可能是親密伴侶也可能是陌生人。

我們不談論性別的時候不談論什麼

實在太多了。我們可以談談二〇一二年九月發生在曼哈頓中央公園十七歲少女受到攻擊並強暴的事件，或者最近在路易西安那州也有四歲女孩以及八十三歲老嫗遭到強暴，又或者二〇一二年十月被逮捕的紐約市警察，因為他顯然在認真策畫著要綁架、強暴、烹煮並吃掉一個女人，任何女人都可以，因為這股憎恨並非針對個人（不過十一月在聖地牙哥有個男人確實殺害並烹煮了妻子，以及二〇〇五年紐奧良也有男子殺害、肢解並烹煮自己的女友，他們的憎恨大概就是針對個人）。

這些罪行都令人髮指，不過我們也能談談日常生活中的攻擊事件，因為雖然美國每六．二分鐘才有一起強暴案報案，不過預估的總數可能是五倍之多，也就是說或許在美國是將近每一分鐘就發生一起強暴，全部加總起來就會有上千萬名強暴案受害人，你所認識的女人當中有很大一部分都是倖存者。

我們可以談談高中及大學運動員的強暴案或校園強暴，乃至於大學管理高層居然都懶得回應多數案件，這點實在令人反感，包括史杜本維爾的高中、聖母大學（Notre Dame University）、安默斯特學院（Amherst College）以及其他許多院校。我們可以談談在美國軍隊中愈來愈嚴重的強暴、性侵及性騷擾問題，前美國國防部長里昂・潘內達（Leon Panetta）便估計，光是在二〇一〇年就有一萬九千起對軍中同袍犯下的性侵案件，而絕大部分的加害者都能脫身，只有在九月，一名四星上將傑佛瑞・辛克萊（Jeffrey Sinclair）因為「對女性犯下多起性犯罪」而遭起訴。

別管什麼職場暴力了，直接談談家庭吧。有太多男性殺害自己現任或前任伴侶，我們一年就會發生一千多起這類凶殺案，表示每三年的死亡人數就會超過九一一事件的傷亡數字，卻沒有人對這類恐怖行為宣戰（換句話說：在九一一事件發生後到二〇一二年之間，家暴致死案件造成了超過一萬一千七百六十六人死亡，超過了九一一當天的犧牲人數，再加上在「對抗恐怖分子的戰爭中」陣亡的所有美國士兵人數）。如果我們要談論這類罪行、為什麼如此普遍，就得談論這個社會或這個國家、或幾乎是每個國家需要做出哪些重大的變革；如果我們要談論這點，就要談論男子氣概或男性角色，或許還有父權制度，而我們一直不大談論這個。

我們反而會聽到有人說，美國男性犯下謀殺案（以一週大約有十二起的頻率）是因為經濟很差，但是經濟好的時候他們一樣會殺人；又或者印度那群男子殺害了搭公車的女性是因為窮人憎恨富人，而印度其他強暴案的原因則是富人剝削了窮人；然後還有那些永不退流行的解釋：精神問題以及毒品，如果是運動員則還有頭部受傷。最新出現的藉口是，我們有許多暴力行為都可以歸咎於暴露在含鉛環境中，但是兩性都處在相同環境，卻只有其中一種性別犯下大多數暴力罪行。暴力問題有各種解釋，就是不會談論到性別，什麼原因都有，就是不包括看起來似乎是其中最能廣泛解釋的因素。

有人寫了一篇文章討論，在美國犯下大規模殺人事件的兇手似乎都是白人男性，而評論者（大多數抱持敵意）似乎只注意到白人這部分，幾乎沒有人提到這篇醫學研究的論述，甚至連以最淡然的態度一提也沒有：「數份研究都已經指出，身為男性是犯下暴力犯罪行為的風險因子，另外還包括在出生前暴露在香菸中、父母具反社會傾向，以及家庭環境貧困等。」

我並非想針對男性，只是認為如果我們能注意到整體而言，女性的暴力傾向明顯低很多，或許就能夠梳理出一套更有助益的理論，能夠討論暴力從何而來、我們可以如何應對。顯然，容易取得槍枝已經是美國的重大問題，但是儘管人人都能取得槍枝，百分之九十的謀殺案仍然是由男性犯下。

模式再清楚不過了，我們可以將這件事當成全球性議題來談論，檢視人們在埃及開羅（Cairo）的解放廣場（Tahrir Square）慶祝阿拉伯之春時，卻也到處可見對女性出手攻擊、騷擾、強暴等行為，奪走了她們參與革命而得來的自由，結果廣場上有部分男性必須組成防衛隊來協助女性對抗這些暴力；或者可以談論印度對女性公開或私底下的壓迫，包括「夏娃挑逗」乃至於索奩焚妻*，或者在南亞及中東地區則有「榮譽處決」行為；又或者南非是如何成為全球的強暴首都，去年預估發生了六十萬起強暴案；

或者，在馬利（Mali）、蘇丹（Sudan）和剛果（the Congo）等國家的戰爭中，如何將強暴當成一種戰略及「武器」，而同樣的事情也發生在前南斯拉夫；或者是在墨西哥也同樣處處可見到強暴與騷擾事件，在該國的華雷茲城（Juarez）則有嚴重的殺害女性（femicide）**問題；另外沙烏地阿拉伯的女性根本無法擁有基本權利，而在那裡從事家庭幫傭的移民也要面對各種性侵害；又或者是在美國發生的多明尼克・史特勞斯—卡恩（Dominique Strauss-Kahn）案，揭露出他和其他人在法國總是能夠逍遙法外，而我只是因為這裡篇幅不夠才沒列出英國、加拿大、義大利（該國的前首相最出名的事蹟就是與未成年人辦群交派對）、阿根廷、澳洲以及其他眾多國家。

* 夏娃挑逗（Eve-teasing）是印度媒體上用來指稱性騷擾行為的俗語，藉此避免直接使用「性騷擾」一詞；另外，索奩焚妻則是印度常見的家庭暴力，結親的兩家之間若因嫁妝起了糾紛，新郎家庭很可能會燒死新娘以報復。

** 殺害女性（femicide）一詞專指女性遭到（前）伴侶殺害的問題。

誰有權利殺你？

不過，也許你已經不想再看數據了，那就讓我們談談在我居住的城市所發生的一起事件吧，二〇一三年一月我正在為這篇文章調查研究時，這是那個月當地報紙報導的眾多男性攻擊女性事件之一：

警方發言人今天表示，週一晚間在舊金山田德隆（Tenderloin）地區，一名女性走在路上因拒絕了一名男性的搭訕而遭刺傷。警方發言人艾爾比·艾斯帕札（Albie Esparza）說，三十三歲的受害者走在街上時，一名陌生人上前想與她攀談，而受害者拒絕之後，男子變得非常惱怒，便劃傷受害者的臉並刺傷她的手臂。

換句話說，這名男子認定在這樣的情況下，他所選定的受害者並沒有權利及自由，而他自己卻有權利能夠控制並懲罰她。這點應該會讓我們記得，暴力首先就是要展現獨裁專制，都是以這個前提開始：我有權利控制你。

這套獨裁專制的終極版本就是謀殺，兇手藉此主張他有權利決定你是死是活，這是控制一個人的最終手段。即使你聽話順從也可能如此，因為想要控制的慾望源自於憤怒，光是順從並無法安撫，不論在這樣的行為之下隱藏著何等恐懼、何等脆弱感；控制慾的源頭還包含了應得的權利感，認為自己理應能夠傷害其他人，甚至殺死其他人，讓加害者及受害者都感到悲慘不已。

至於我居住的城市內所發生的這件事，不時都會發生類似的事件，在我年紀較輕時也經歷過這類事件的許多版本，有時會牽涉到死亡威脅，通常會有一連串猥褻下流的言語：一名男性找上一名女性，一方面抱持著慾望，一方面則怒氣沖沖地認為對方可能會拒絕自己的慾望。這股憤怒與慾望是包裝在一起的，一同扭曲成為某種不斷威脅著要將愛慾變成死亡的力量，有時確實就如字面的意思。

這是一套控制的系統，所以才會有這麼多起親密伴侶的謀殺案都是起因於女性斗膽與她們的伴侶分開。結果是這套系統囚禁了眾多女性，從一月七日發生在田德隆的攻擊案，或者一月五日在我家附近出現的殘忍強暴未遂案，又或者是一月十二日在這裡發生的另一起強暴案，或者在一月六日因為女朋友拒絕幫他洗衣服便縱火燒人的舊金山男性，還有二〇一一年底因為在舊金山犯下多起十分兇殘的強暴案而遭判刑三百七十年的男性，雖然你可以說這些人都是邊緣型人格，但是富有、出名的權貴分子也會犯下這類案件。

舊金山的日本副領事在二〇一二年九月，被控十二條虐待配偶以及使用致命武器攻擊的重罪。同月在同一城鎮，梅森．梅爾（Mason Mayer，前雅虎執行長梅麗莎．梅爾〔Marissa Mayer〕的弟弟）的前女友在法庭上作證：「他扯掉我的耳環、撕掉我的假睫毛，還往我臉上吐口水，對我說我有多麼不討人喜歡……我像個嬰兒一樣蜷縮躺在地上，若是我想要移動，他跪在我身體兩邊的膝蓋就會往內緊縮，讓我動彈不得，然後甩我巴掌。」根據

《舊金山紀事報》（*San Francisco Chronicle*）記者何欣（Vivian Ho）的報導，這位前女友的證詞中包括「梅爾不斷抓著她的頭去撞地板，並扯下好幾撮頭髮，告訴她，她若是想要活著離開這棟公寓，唯一的方法就是讓他開車載她到金門大橋，『然後妳可以自己跳下去，或者我推妳下去。』」最後梅森·梅爾被判緩刑。

前一年夏天，一名久不來往的丈夫違反了妻子對他申請的禁制令，跑到她在密爾瓦基（Milwaukee）郊區的公司射殺了她，同時還造成六名其他女性死傷，不過因為這樁罪行只有四具屍體，而這一年當中在美國國內又發生了更多次超乎尋常的大規模屠殺案件，所以媒體上大多也都忽略了這件事（而且我們其實並未認真討論到，美國三十年來所發生的六十二起大規模槍擊案件當中，只有一件是由女性犯下，因為說到**孤狼槍手**時，大家都會討論孤狼和槍枝，而不會討論男性——順帶一提，將近有三分之二遭到槍殺的女性都是現代遭到或前任伴侶殺害）。

這跟愛有什麼關係？歌手蒂娜·透納（Tina Turner）曾這樣問，她的前夫艾克（Ike Turner）曾經說：「對，我打過她，但是普通男人都會打老婆，我下手並沒有比較重。」在美國，每九秒就有一個女人被打；讓我把話講清楚：不是九分鐘，是九秒鐘，這是美國女性受傷的首要原因，根據美國疾病管制署（Center of Disease Control）的數據，每年受傷的兩百萬名女性當中，有超過五十萬人的傷害需要接受醫療，同時有大約十四萬五千人需要住院觀察，而且你不會想要知道後續需要牙科治療的人數有多少；同時，配偶也是美國孕婦死亡的主因。

我們的世界之間隔著鴻溝

強暴和其他暴力行為乃至於（並包括）謀殺，再加上暴力威脅，成為了某些男性意圖控制某些女性時會設下的掩護，而對暴力的恐懼也制約了大多數女性，女性變得太過習慣這樣的控制，幾乎不會注意到，而我們也幾乎不談論。不過有些例外：去年夏天有人寫信給我，告訴我在一堂大學課堂上學生被問到他們如何保護自己的安全，以免遭到強暴，年輕女性描述起各種細膩的手法，解釋自己如何保持警戒、限制與外界的接觸、採取防範措施，基本上是隨時隨地都要想到強暴的問題（同時他補充道，班上的年輕男性則是震驚到瞠目結舌）。他們的世界之間隔著的那道鴻溝在那短暫的一刻，突然現身了。

但是，我們大多不會談論這件事，不過網路上倒是流傳著一張圖，主題是「終結強暴的十大訣竅」，年輕女性已經看夠了這類東西，不過這張圖卻有著顛覆性的扭轉，圖上提供的建議就像這樣：「隨身攜帶哨子！如果你擔心自己可能會『不小心』侵犯別人，你可以交給自己身邊的人，讓他們能夠求救。」雖然好笑，這張圖卻也點出一件糟糕的事實：通常針對這種情況的指引都將預防措施的全部責任放在可能的受害者身上，將暴力視為既定事實。大學花了許多時間告訴女性如何從侵害者的手下倖存，卻沒有花多少時間告訴另一半學生不要成為侵害者，這點實在沒什麼正當理由（還有許多不正當理由）。

如今似乎在網路上也經常發生性侵威脅。二〇一一年底，英國專欄作家蘿莉．佩尼（Laurie Penny）寫道：

> 擁有意見似乎就等於在網路上穿短裙，提出意見並振臂疾呼在某種程度上，就是要求一大群沒有形體、而幾乎全都是男性的鍵盤暴民告訴你，他們想要如何強暴、殺害你，並在你身上撒尿。這一週，在收到了一大堆特別醜惡的威脅之後，我決定將其中幾則訊息

公開在推特上，結果收到的回應幾乎將我淹沒，有許多人簡直不敢相信我接收到的憎恨，而有更多人開始分享自己受到騷擾、恐嚇、虐待的故事。

線上遊戲社群中的女性會遭遇騷擾、威脅而被驅逐。女性主義媒體評論家安妮塔．薩克伊西恩（Anita Sarkeesian）便記錄下這樣的事件，她的文章受到支持，不過以新聞記者的話來說，同時也接收到「另外一波十分好戰，而且你知道，也相當暴力的人身威脅，有人試圖駭進她的帳號，而且一名安大略省的男性甚至採取行動，製作了一款線上遊戲，讓人可以揍擊螢幕上的安妮塔照片，而且經過多次揍擊之後，她的照片上就會出現瘀青及傷口」。去年十月，幾名塔利班男性企圖謀殺十四歲的馬拉拉．尤沙夫賽（Malala Yousafzai），因為她為巴基斯坦女性的受教權發聲，而前述那些線上遊戲玩家與塔利班分子的行為並無二致，兩者都試圖讓女性噤聲並懲罰之，只因為她們拿回自己的聲音、力量以及參與的權利。歡迎來到男性國度。

維護強暴犯權利的人們

這樣的觀念不僅僅是在公開、私底下或者在線上，而是深植在我們的政治體系及司法體系當中，在女性主義者為我們爭取權利之前，這些體系中根本不承認大多數家庭暴力、性騷擾及跟蹤、約會強暴、熟人強暴或者婚內強暴，而且在強暴案件中，法院仍然經常在審判被害者而非強暴犯，彷彿只有完美無瑕的處女才會受到侵犯，或者讓人相信。

正如我們在二〇一二年的選戰中也學到，這種觀念同樣深植於政治人物的大腦及語言中。還記得去年夏秋兩季，共和黨男性說了那一大堆瘋狂的支持強暴言論，從陶德・艾金表示女性有辦法能夠避免因強暴而懷孕這個受人唾罵的主張開始，他提出這個論述是為了不讓女性能夠控制自己的身體（也就是在強暴後能夠選擇墮胎），之後當然還有參選參議員的李察・

莫達克（Richard Mourdock），聲稱因強暴而懷孕是「上帝賜與的禮物」，而不久之後又有一名共和黨政治人物冒出來為艾金的言論辯護。

令人慶幸的是，在二〇一二年的選戰中，五名公開支持強暴的共和黨人士都落選了。（脫口秀主持人史蒂芬．柯柏〔Stephen Colbert〕試過警告他們，女性在一九二〇年就開始有投票權了。）不過問題不僅僅是他們講的那些垃圾言論（以及他們現在付出的代價），在國會中的共和黨人士拒絕更新反婦女暴力法（Violence Against Women Act），因為他們反對這條法律同樣保護了移民、跨性別女性以及美國原住民婦女。（說到大規模流行，三名美國原住民女性當中就有一名會遭到強暴，而在保留區中，百分之八十八的強暴案加害者都不是美國原住民，他們知道管理部落的行政組織無法起訴他們。說什麼強暴是激情犯案，這些罪行都是經過算計與投機的結果。）

然後他們還打算扼殺掉生育權，包括避孕以及墮胎等方法，在過去幾十年來他們已經在許多州內成功實行。當然，所謂的「生育權」就是女性控制自己身體的權利。我先前不就講了對女性使用暴力是控制權的問題嗎？

雖然針對強暴案的調查通常不會太積極，畢竟在美國還有大約四十萬份性侵取證工具組的庫存，從未用來檢驗過，不過讓受害者懷孕的強暴犯在三十一個州都擁有親權。喔對了，前副總統參選人兼現任國會議員保羅．萊恩（Paul Ryan，共和黨，男性國度）想要重新提出法案，讓各州有權禁止墮胎，甚至可以想像的是，他們想讓強暴犯可以控告進行墮胎的受害者。

未受責難的一切

當然，女性能夠造成各種令人十分不快的結果，也有女性犯下暴力罪行，不過談到實際的暴力，所謂的兩性戰爭總會超乎尋常地一面倒。與前任國際貨幣基金（International Monetary Fund，IMF）總裁（男性）不同的是，現任總裁（女性）不會在豪華飯店中侵犯員工；美國軍隊中的高階女性軍官也和男性同僚不同，她們並未面臨任何性侵害的指控；而年輕的女性運動員也和史杜本維爾高中的男性足球員不同，她們不大可能往意識不清的男孩身上撒尿，更不會侵害他們然後在 YouTube 影片及推特貼文中吹噓。

印度的女性公車乘客不會成群結黨去暴力性侵一名男性，導致他傷重死亡，在開羅的解放廣場上也不會有大群女性出手掠奪而嚇壞男性，另外，有百分之十一的強暴案加害者是父親或繼父，而在母親一方則沒有相當的數據。在美國入監服刑的人當中，有百分之九十三・五並非女性，而且雖然其中有許多囚犯根本就不應該入獄，但有些犯下暴力罪行的人或許還是應該待在裡面，直到我們能想到什麼更適合應對暴力的方法，還有這些人。

沒有哪個大牌的流行樂女明星曾經像音樂製作人菲爾・史貝克特（Phil Spector）那樣，朝著自己帶回家的年輕男子頭部開槍（他顯然是因為女演員拉娜・克拉克森〔Lana Clarkson〕拒絕他的求歡而將之射殺，如今也是那百分之九十三・五的一員了）。沒有女性動作電影明星被控家暴，因為安潔莉娜・裘利（Angelina Jolie）就是不會做出像梅爾・吉勃遜（Mel Gibson）和史提夫・麥昆（Steve McQueen）那樣的事，而且也沒有哪位知名的女性電影導演會像羅曼・波蘭斯基（Roman Polanski）那樣，拿毒品給十三歲的孩子使用之後再對其性侵，即使她不斷說「不要」也沒停手。

緬懷裘蒂·辛格

男子氣概到底是有什麼問題？我們必須談一談人們想像中的陽剛、人們稱頌及鼓勵的特質，以及暴力行為如何傳承給男孩。世界上也有可愛又美好的男人，而在這一輪對抗女性的戰爭中還有一件令人振奮的事情，就是我發現有不少男性能夠理解，他們認為這也是他們的問題，願意為我們挺身而出，並且在日常生活中、網路上以及今年冬天從新德里到舊金山的眾多遊行中，站在我們身邊。

愈來愈多男性成為我們的好戰友，而且過去一直都有一些男性好戰友。善良與溫柔從來就不分性別，同理心亦然。家暴數據比起數十年前已經有了明顯降低（不過還是高得驚人），而且有許多男性也正著手塑造出關於陽剛與權力的新概念及理想。

男同志已經重新定義、有時甚至破壞了傳統的陽剛定義，數十年來都這樣公開進行，而且他們經常也是女性的絕佳戰友。女性的解放運動經常會被描述成企圖侵害或者奪取男性所擁有的力量與特權，彷彿這是什麼糟糕的零和賽局，一次只能有一種性別擁有自由與權力，但是我們若不能一同自由便是一同為奴，有些人認為他們必須獲勝、主宰、懲罰、擁有至高無上的統治權，但這種心態顯然相當糟糕也一點都不自由，而放棄這種無法企及的追尋就是一種解放。

我寧可去寫些其他主題，但這件事會影響到其他一切，有一半人類的生命仍然受到無處不在的各種暴力所騷擾、壓榨，有時還會因此終結。想想看，如果我們不是一直忙著想辦法存活下來，能夠多出多少時間和精力專注在其他重要的事物上。這麼想吧：我認識一位十分傑出的新聞記者，她卻不敢晚上在我們住家附近走路回家，那麼她應該避免加班嗎？有多少女性為了類似的原因必須停止工作或者被迫停止？如今顯而易見的是，網路上的大規模騷擾行為已經讓許多女性完全不敢發聲或寫作。

目前世界上最令人振奮的新政治運動之一就是加拿大原住民的權利

運動，其中又帶有女性主義及環境保護的色彩，稱為不再流浪（Idle No More）。十二月二十七日，在這場運動開始後不久，一名原住民婦女遭到綁架、強暴、毆打，然後被丟在安大略省的珊德灣（Thunder Bay）等死，從犯案男性的言論中可知這樁罪行是為了報復不再流浪運動。後來，這名婦女在酷寒的天氣中走了四小時，活下來訴說她的故事，而攻擊她的人已經威脅會再度犯案，目前仍逍遙法外。

二十三歲的裘蒂．辛格（Jyoti Singh）正在學習物理治療，這樣她在幫助別人時也能讓自己變得更好，那天她和一名男性友人在新德里搭上公車後遭到強暴殺害（男性友人倖存），這件事似乎引發了我們百年、千年、甚至五千年來所需要的反應，或許她對全世界的女性（以及男性）而言，就像在一九五五年遭到白人優越分子殺害的艾默特．提爾（Emmett Till），對於非裔美國人以及當時才剛萌芽的美國民權運動一樣，發揮了重大影響力。

每年在美國發生超過八萬七千起強暴案，但是每一件都免不了被視為單一事件看待，我們畫出的各點之間如此接近，幾乎噴濺而彼此融合成了一片汙漬，但是卻幾乎沒有人將這些點連接起來，也沒有人提及這片汙漬。在印度他們做到了，他們說這是民權問題、這是人權問題，這是每一個人的問題，並非獨立事件，而且人民再也不能接受這樣的行為，必須有所改變，改變是你的責任，也是我的，還是我們的。

第三章

各個世界在一間豪華套房中碰撞

思考關於ＩＭＦ、全國不公義以及火車上的陌生人

二〇一一

插圖請參考：

https://anateresafernandez.com/pressing-matters/pmatters01/

我要怎麼講一個我們都已經耳熟能詳的故事呢？她的名字是非洲，他叫做法國，他殖民了她、剝削她，讓她無法出聲，甚至在這段關係應該早已結束的數十年後，他依然像個獨裁君王般在象牙海岸（Côte d'Ivoire）等地方解決她的事務，就連象牙海岸這個地名都是因為她能夠出口的資源而來，並不代表她本身的身分。

她的名字是亞洲，他叫做歐洲；她的名字代表沉默，他的則是權力；她的名字是貧窮，他的是財富；她的名字是她，但有什麼是她的？他的名字是他的，而他認定一切東西都是他的，包括她在內，而且他以為自己不必先詢問意願就奪取她，也不會招致任何後果。這個故事十分古老，不過最近幾十年來，結局稍稍有了改變，而這一次所造成的後果動搖了眾多基礎，這些基礎顯然也需要有所動搖。

誰會寫下我們剛剛看到那樣明顯而強硬的寓言故事？國際貨幣基金這個國際組織創造了大量貧窮人口及經濟不公義的情況，ＩＭＦ總裁擁有超乎尋常的權力，前總裁多明尼克．史特勞斯─卡恩被控在紐約市一家飯店的豪華套房中性侵了一位移民自非洲的清潔女傭。

各個世界碰撞在一起。在早期的年代中，女傭指控他的話語可能一文不值，而她或許不會提出指控，又或者警方可能不會跟進辦案，並且在飛機飛往巴黎的前一刻將前總裁多明尼克．史特勞斯－卡恩拉下飛機。不過她辦到了，他們也辦到了，如今他正在拘留當中，歐洲的經濟遭遇重擊，法國政壇天翻地覆，整個國家也搖搖欲墜而深深自省。

這些男人到底在想什麼？即使有這麼多故事和證據顯示他的本性惡劣，卻還是決定將這一個大權在握的職位交給他？他認定自己能夠逍遙法外的時候到底在想什麼？他以為自己還在法國，顯然在法國他就可以脫身了嗎？只是現在一位年輕女性出面提告他在二〇〇二年性侵自己，不過這位女性的政客母親說服她撤銷告訴，而她也擔心這件事可能會影響到自己的新聞記者工作（不過她母親顯然更擔心他的工作）。

根據《衛報》（*Guardian*）報導指出，這些故事「讓琵洛絲卡．納吉（Piroska Nagy）的指控更有根據，這位出身匈牙利的經濟學家指稱自己在ＩＭＦ工作時不斷受到基金的總裁騷擾，最後二〇〇八年一月在瑞士達沃斯（Davos）舉行世界經濟論壇（World Economic Forum，ＷＥＦ）時，她覺得自己別無選擇而只能同意和他上床。她指控他不斷打電話並寄電子郵件給她，表面上是詢問和迦納（Ghana）經濟（她的專業領域）相關的問題，然後就開始使用性暗示的語言並想約她出去」。

在一些報導中，史特勞斯－卡恩在紐約侵害的女性是來自迦納，而其他報導則說是一名來自附近幾內亞（Guinea）的穆斯林。二〇〇一年，通常態度溫和的ＢＢＣ登出的頭條寫著「迦納：ＩＭＦ的囚徒」，這篇報導中紀錄了在ＩＭＦ的政策主導下，讓迦納開放進口便宜的美國稻米而摧毀了這個種稻國家的糧食安全，進而讓國內大多數人口陷入嚴重的貧窮，所有物品都成為了必須付費的商品，從使用廁所到取得一桶水，而許多人根本付不起。或許，如果她是因為ＩＭＦ在迦納的政策而逃離的難民，事情看起來就太完美了；不過另一方面，多虧幾內亞發現了大量的原油資源而得以脫離ＩＭＦ的管理，只是這個國家仍然存在著嚴重的貪汙及貧富差距問題。

為富裕的北方世界拉皮條

演化生物學家過去很喜歡引用一條公理：「個體發生學涵括了系統發生學。」也就是說，胚胎個體的發展會重複其種族的演化過程。那麼這場性侵指控的個體發生學能夠呼應國際貨幣基金的系統發生學嗎？畢竟這個組織是在第二次世界大戰末期建立，屬於惡名昭彰的布列敦森林會議（Bretton Woods conference）產物，要將美國的經濟觀點強加於世界的其他地方。

ＩＭＦ的本意是要成為幫助國家發展的借貸機構，但是到了一九八〇年代，卻成為抱持著自由貿易與自由市場基本教義意識形態的組織，利用借出的貸款在整個南方世界掌握了巨大權力，影響各個國家的經濟與政策。

不過如果說ＩＭＦ在一九九〇年代獲取了權力，在二十一世紀也開始失去權力，多虧了人民有效抵抗了ＩＭＦ所代表的經濟政策，以及這類政策所造成的經濟崩盤，結果組織在二〇〇八年必須賣掉自己的黃金儲備並重新設定任務，便找來史特勞斯—卡恩來收拾殘局。

她的名字是非洲，他叫做ＩＭＦ，他設計要讓她遭受掠奪、沒有健康保險，只能挨餓；他將她摧毀殆盡好讓自己的朋友發財。她的名字是南方世界，他的則是華盛頓共識（Washington Consensus），但他的連勝優勢漸漸消失，而她的星星正要崛起。

二〇〇一年是ＩＭＦ一手造成了摧毀阿根廷經濟的經濟條件，而對抗ＩＭＦ（以及其他新自由主義勢力）的力量促使拉丁美洲在過去十年間得以重生。無論你對前委內瑞拉總統烏戈．查維茲（Hugo Chávez）有何看法，是因為石油產量豐富的委內瑞拉貸款給阿根廷，才讓阿根廷得以早早償付積欠ＩＭＦ的貸款，從而自行制定更合理的經濟政策。

ＩＭＦ是一股掠奪的力量，敞開發展中國家的大門，任由富裕的北方世界及強大的跨國企業進行經濟侵犯。就是個皮條客，或許現在還是。不過自從一九九九年在西雅圖的反公司化示威遊行開啟了一波全球運動浪潮，出現了反抗的聲音，這些力量在拉丁美洲取得了勝利，改變了未來所有經濟辯論的框架，並拓展了我們對於經濟與可能性的想像空間。

今日，IMF是一團混亂，而世界貿易組織（World Trade Organization，WTO）大多已經不管事了，北美自由貿易協定（North American Free Trade Agreement，NAFTA）幾乎遭到全世界唾罵，美洲自由貿易區（Free Trade Area of the Americas）已經取消（不過雙邊自由貿易協定仍然存在），而世界上大部分地區已經從過去十年內的經濟政策速成班中獲益良多。

火車上的陌生人

《紐約時報》的報導是這樣的：「正當人們意識到史特勞斯—卡恩先生如今的處境代表了多麼重要的意義時，其他人（包括新聞界中也有一些人）也開始出面講述過去長久以來都遭到壓下或不具名的故事，他們指稱史特勞恩—卡恩先生過去對女性的掠奪行徑，並且如何強勢追求與女性更進一步，對象從學生到新聞記者，乃至於下屬都有。」

換言之，他創造出一股讓女性感到不自在或危險的氛圍，如果說他工作的地方只是，比方說小辦公室好了，那是一回事，但這個男人控制著全世界一部分的命運，顯然相當花費了很大力氣在自己身邊製造恐懼、悲慘和不公不義，對於我們這個世界的局勢、容忍他這類行為的國家與機構的價值觀，以及像他這樣的男性，確實透露出某種訊息。

美國近來也不乏性醜聞，而且這些事件都散發出同樣傲慢的氣息，但至少都是你情我願（就我們所知是如此），ＩＭＦ總裁則是被控性侵害，如果你搞不懂這個詞彙，那麼就拿掉「性」這個字，只要專注在「侵害」，專注在暴力、拒絕將別人視為人來看待、否定最為基本的人權，也就是擁有身體完整性以及自主決定的權利。「人的權利」是法國大革命中最為重要的一個詞彙，不過也總是引人質疑這其中是否包含了女人的權利。

美國有一億個缺點，但是我很自豪的是警方相信這個女人，而且她能夠在法庭中為自己說話。我很欣慰這一次我所在的這個國家，並沒有決定一位有權男性的職業或者國際組織的命運比這位女性及她的權利與福祉更重要，這就是我們所謂的民主：每個人都能夠發聲，而且不會有人僅僅因為財富、權力、種族或性別就得以逍遙法外。

在史特勞斯－卡恩據稱赤身裸體從飯店浴室走出來的兩天前，紐約市內剛舉行了一場大型遊行，主題是「讓華爾街付出代價」，工會工人、激進分子、失業民眾等等大約有兩萬人集結起來，抗議美國國內的經濟侵害對許多人造成危害及剝削，以及少數人所擁有的邪惡財富（在紐約市進行了這場大型經濟公義抗議活動之後，接下來就是二〇一一年九月十七日發生的占領華爾街，這場活動應該可以說更具影響力）。

我出席了這場遊行，後來我和另外三位女性同伴搭上擁擠的地鐵回到布魯克林，而在車上我們當中年紀最輕的女孩被一個跟史特勞斯－卡恩差不多年紀的男人摸了屁股。一開始她以為他只是撞到她，然後她感覺有人伸手將她的臀部往上托，於是她跟我說了一下，就像年輕女孩經常會這樣，只是試探性、壓低了聲音說話，彷彿或許這件事沒有發生，又或許不是個問題。

最後，她瞪著他叫他住手。我想起了過去某個時刻，那時我還是個住在巴黎的貧窮十七歲女孩，一個怪老頭摸了我的屁股，那一刻或許是我在法國感覺到最美國的時候，當時法國這片土地上聚集了上千個毫不尊重人的鹹豬手，而之所以感覺像美國是因為我正拿著三顆葡萄柚，在我貧窮的歲月中是好不容易買到的奢侈品，而我將葡萄柚一顆接著一顆就像丟棒球一樣砸向那個怪老頭，享受著看他在黑夜中落荒而逃的滿足感。

他的行為就像眾多針對女性犯下的性暴力一樣，無疑就是想要提醒我，這個世界並不屬於我，而我的權利，你也可以說是我的**自由**、**平等**、**姊妹團結**[*]，並不重要，只是我用水果攻擊將他趕跑了，而多明尼克．史特勞斯－卡恩則被拉下飛機去面對司法。但是，我的一個朋友參加完一場爭取公義的遊行之後，返家路上卻被人摸了一把，這件事讓我清楚認知到我們還有多少需要努力的地方。

* 法國大革命期間提出了「自由、平等、博愛」(Liberté, Égalité, Fraternité）為核心精神，從此也成為法國精神的代表，其中「博愛」一詞也可譯為兄弟精神，也就是將人人視為兄弟的意思，而作者在此將這個字改成了代表姊妹的Sororité，因此翻譯為「姊妹團結」。

窮人挨餓，富人失言

上週爆發的性醜聞之所以引發了如此巨大的回響，是因為遭控的加害者與受害者對應著世界各地之間更廣泛的關係來往，就從ＩＭＦ對貧窮人口的侵害開始，那種侵害就是我們當代最大階級戰爭的一部分，富人和他們在政府中的代理人已經用盡一切方法擴大自己所持有的財富，結果卻是我們其他人付出代價。發展中世界的貧窮國家是最先付出的，不過我們其他人現在也要掏錢了，因為他們所施加的那些政策及損害透過右派經濟主張而回頭反噬，這些主張以私有化、自由市場與減稅的名義殘害工會、教育體系、環境以及照顧老弱殘窮的計畫。

我們當代比較重大的一份道歉是來自前美國總統比爾．柯林頓（Bill Clinton，自己也曾經深陷性醜聞），他在二〇〇八年十月的世界糧食日正值全球經濟崩盤之際，向聯合國說話：

我們必須讓世界銀行、ＩＭＦ、所有大型基金會和各國政府承認，這三十年來我們都搞砸了，包括我自己擔任總統的時候。我們都錯了，誤以為糧食就像國際貿易中的其他商品一樣，而我們都必須恢復過往更負責任、更能永續發展的農業形式。

他去年說得更加直白了：

美國自一九八一年以來便奉行同樣的政策，也就是說我們富裕國家生產了許多糧食，應該賣給貧窮國家，讓他們不再背負自行生產糧食的重擔，如此一來謝天謝地，他們終於能夠直接一躍進入工業時代，一直到了去年左右我們才開始重新思考。這套方法行不通，這點對於我們在阿肯色州的一些農夫或許是好事，但是並不管用。這是個錯誤，而這個錯誤我也有參與。我不是要責怪任何人，是我的錯，而因為我的所作所為，結果讓海地（Haiti）失去了生產稻米來餵養人民的能力，我每一天都必須背負這個錯誤所造成的後果。

柯林頓的坦承不諱就和美國聯準會（Federal Reserve）前主席艾倫・葛林斯潘（Alan Greenspan）在二〇〇八年的發言一樣，葛林斯潘當時也承認自己對經濟政治的預設前提有誤。過去的政策以及ＩＭＦ、世界銀行以及自由貿易基本教義派的方法造成了貧困、痛苦、飢餓及死亡，我們大部分人都學到了教訓，而過去那些反對自由市場基本教義的人都被貼上了「扁平地球論的擁護者、保護主義貿易聯盟，以及尋求一九六〇年代榮光的雅痞」等標籤，這是經濟學家湯瑪斯・弗里曼（Thomas Friedman）用來形容這些人的致命評語，但是如今世界**已經有了**重大改變，弗里曼後來也得承認自己的失言。

去年傷亡慘重的海地地震之後，發生了一件重大事件：在史特勞斯－卡恩領導下的ＩＭＦ計畫利用這個國家如今的脆弱處境，以平時的條件強迫他們接受新貸款，社運人士激烈反彈，因為這項計畫必定會增加這個國家的負債程度，而海地早已經因為新自由主義的政策而舉步維艱，好不容易才盼來了柯林頓遲來的道歉。ＩＭＦ眨了眨眼往後退，同意撤銷了海地目前積欠該組織的債務。這對熟知內情的社運人士來說是一大勝利。

無權之人的權力

看起來，一名飯店清潔女傭似乎能夠終結世界上最有權力男人之一的職業生涯，又或者應該說是他自己親手終結的，因為他並未顧及那位女傭的權利與人性。曾經任職於拍賣網站電子灣（eBay）的億萬富翁梅格·惠特曼（Meg Whitman）也發生了相當類似的事件，她去年參選加州州長時藉著攻擊非法移民以蹭保守派的熱度，結果人們發現她自己一直都雇用了一位非法移民，也就是她的管家妮琪·迪亞茲（Nicky Diaz）。

惠特曼在雇用了迪亞茲九年之後，發現為了從政就不方便再留著迪亞茲，於是惠特曼馬上開除了她，並且聲稱自己從來不知道自己的員工是非法移民，甚至拒絕支付她最後的薪水。換句話說，惠特曼願意為了自己的選戰掏出一億七千八百萬美元，卻可能因為不願意支付六千兩百一十美元的薪水，結果讓自己中箭落馬，至少這是部分原因。

迪亞茲說：「我感覺自己被她當垃圾一樣丟掉。」不過這個垃圾有聲音，而加州護理人員工會（California Nurses Union）放大了她的聲音，加州因此得以逃過這位億萬富翁的掌控，因為她所提出的政策將會進一步殘害貧窮人口、讓中產階級更加貧困。

為了一名非法移民管家和一位移民出身的飯店清潔女傭爭取正義，就是我們這個時代最大的世界大戰縮影，如果說妮琪．迪亞茲以及過去一年針對IMF給海地的貸款戰爭讓我們知道了什麼，那就是結果還在未定之天，有時我們獲得幾場小勝利，但戰爭仍在持續。上週在曼哈頓那間豪華飯店套房中究竟發生了什麼，還有太多有待釐清，但是我們確實知道的是：我們當代有一場貨真價實的階級戰爭正公開交戰，而上週一位所謂的社會主義學者自己站錯了邊。

他的名字是特權，但她的叫做可能性；他的故事依然如舊，但她卻有了新故事，關於改變一個仍未完成故事的可能性，其中包含了我們所有人，具有如此重大的意義，我們會一直關注著，同時一起創造故事、講述故事，在接下來的幾週、幾月、幾年中持續著。

後記

我寫下這篇文章，是為了回應多明尼克．史特勞斯—卡恩在曼哈頓飯店房間中發生事件的最初報導，之後他砸下大筆金錢聘請厲害的律師團隊，得以讓紐約檢察官撤銷刑事告訴，並且以律師提供的資訊來誹謗受害者的聲譽。納菲薩圖．迪亞洛（Nafissatou Diallo）就像眾多貧困人口以及來自動亂國家的人們一樣，她生活在社會的邊緣，向權力當局說出實情並不一定是明智或安全之舉，於是她被描繪成了一個騙子。在《新聞週刊》（*Newsweek*）的專訪中，她說自己原本很遲疑是否要出面提出強暴指控，也擔心後果，不過她終究擺脫了沉默及陰影。

就像其他遭遇強暴的女人及女孩一樣，尤其是她們的故事可能威脅到社會現況的時候，人們會開始審判她的品格，例如媒體大亨魯伯特．梅鐸

（Rupert Murdoch）所擁有的當地八卦小報《紐約郵報》（*New York Post*），便以頭版頭條報導聲稱她是性工作者，只是為什麼一名性工作者會成為全職的旅館清潔女傭還加入工會，賺取一小時二十五美元的薪資，這點就很難解釋，因此沒有人相信（在她提起誹謗告訴之後，《紐約郵報》只能與她達成和解）。

人們紛紛建構出鉅細靡遺的故事，想要解釋究竟發生什麼事，其中最有名的就是《紐約書評》（*New York Review of Books*）的愛德華・傑伊・艾普斯坦（Edward Jay Epstein），為什麼這位證人口中十分氣惱的女性會說出自己遭到性侵害的故事？而為什麼遭指控的加害者試圖逃離這個國家，顯然很是慌張？又為什麼會在她的衣服及其他地方發現他的精液，證實確實發生過性接觸？這只能是合意性交或者非合意性交，而最簡單、最能連貫的解釋只有迪亞洛的故事。正如報導記者克里斯多福・迪奇（Christopher Dickey）在《每日怪獸》（*Daily Beast*）的文章所說，史特勞斯—卡恩「聲稱他和這名先前未曾謀面的女性之間的性接觸不到七分鐘，而且是合意性交。若要相信他的話，你就得相信迪亞洛一看見這位挺著大肚腩、六十幾歲的男子，剛洗完澡光著身體出現之後，便自願跪下為他服務」。

之後又有其他女性站出來作證表示自己遭受過史特勞斯—卡恩的侵害，包括一位年輕的法國記者說他曾試圖強暴她。另外他涉入一個性派對團體，這個團體與性工作者交流的情況違反了法國法令：就在我寫作的同時，他正面臨「加重仲介賣淫」的指控，不過一名性工作者則是撤銷了向他提出的強暴指控。

到最後真正重要的是，一名貧窮的移民女性推倒了世界上最有權力男性之一的職業生涯，又或者是她揭發了老早就該結束的行為。結果，法國女性重新評估起她們社會中的厭女情結，而迪亞洛小姐在控告前ＩＭＦ總裁的民事法庭上勝訴，不過其中一部分條件就是不能公開和解金額，或許十分可觀。而這又讓我們回到了一開始的起點。

第四章

稱頌威脅

婚姻平權真正的意義

二〇一三

插圖請參考：

https://anateresafernandez.com/ablution/ab03/

長久以來，同性婚姻的支持者一直表示這樣的結合不會威脅到任何人事物，不過保守派人士卻說這樣的結合會威脅到傳統婚姻。或許保守派人士是對的，而或許我們應該慶賀這樣的威脅，而非阻擋，兩個男人或兩個女人的婚姻並不會直接影響到任何一男一女的婚姻，但是就存在的根本而言可能會。

要理解如何威脅，你就必須檢視傳統婚姻的本質，以及檢視雙方如何掩飾：支持者的掩飾方式是否認、或者更像是忽略了威脅，而保守派則是極力隱瞞其威脅到什麼。

近來有許多美國人將尷尬的「同性婚姻」一詞改成了「婚姻平權」，這個詞原本是用來指稱同性伴侶和異性伴侶擁有同樣的權利，不過也可以指稱婚姻的雙方擁有平等權利，而傳統婚姻並非如此。在西方歷史的大多數時間中，定義婚姻的法律基本上讓丈夫成為擁有者，而妻子則是所有物，或者可以說男人當家作主，女人則是僕人或奴隸。

英國法官威廉·布萊克斯通（William Blackstone）在一七六五年開始針對英國法律、後來也針對美國法律寫下了深具影響力的評論，他在其中寫道：「透過婚姻結合，丈夫和妻子在法律上視為一人：即，女性在婚姻期間的個人或法律地位皆不復存在，或至少可說與丈夫的地位整合併為一體。」在這樣的規定之下，女性的生命便任憑丈夫處置，而雖然在當時除了壞心的丈夫也有好心的丈夫，女性權利更有賴於某個對自己掌握著絕對權力的人有多善良，權利也就還有很長一段路要走。

在英國於一八七〇年及一八八二年通過已婚婦女財產保護法（Married Women's Property Act）之前，一切都是屬於丈夫的，妻子無論有否繼承遺產或者賺取所得，自己名下都是一文不值。大約此時，在英國和美國也都通過了禁止毆打妻子的法律，但是幾乎沒有執行過，直到一九七〇年代才派上用場，而如今家暴者（有時）會遭到起訴，也並未阻止這兩個國家中這類暴力行為的蔓延。

愛爾蘭小說家艾德娜．歐布萊恩（Edna O'Brien）最近的回憶錄中有幾段令人驚恐到血液凝結的描述，講她自己這一段顯然十分傳統的婚姻之路。她的第一任丈夫因為她成功的文學事業而自卑不已，她只好將自己的稿費支票簽字轉讓給他，後來她因為授權電影改編的權利而收到一張稿費豐厚的支票，她拒絕將之轉讓給丈夫，他便掐住她的喉嚨。不過她找上警方求助時，警方卻是愛理不理。這種暴力嚇壞了我，不過同樣令我驚嚇的還有其中隱含的假設，也就是施虐者有權控制並懲罰其受害者，而受害者也已經習慣了這樣的暴力。

俄亥俄州克里夫蘭的艾里爾・卡斯楚（Ariel Castro）於二〇一三年被控監禁、折磨並性虐待三名年輕女性長達十年，這是個極端例子，不過這件案子或許不像表面上看起來那麼不尋常。一來，據稱卡斯楚對自己如今已過世的妻子（兩人並未正式登記）一直都有特別且公開的暴力行為，而卡斯楚被控犯下的罪行背後肯定隱藏著一種慾望，也就是讓他得以擁有絕對權力、而女性毫無反抗能力的情況，這就是傳統婚姻形式的邪惡版本。

這就是女性主義一而再、再而三抗議的傳統，不只是極端的例子，也包括日常的情況。十九世紀的女性主義者有了一些進展，而一九七〇及八〇年代的則有更多、更明顯的進展，讓美國及英國的每位女性都能受益。而且，女性主義投注許多心力將階級分明的關係轉變成為平等的關係，也就讓同性婚姻可能通過，因為同性別的兩個人組成婚姻關係在本質上就是平等的，其中一名伴侶或許在很多方面上擁有較大權力，但是大多數情況下，這段關係是由地位平等的兩個人組成，因此能夠自行自由定義各自的角色。

男同志及女同志已經開始質問起有哪些屬於男性及女性的特質與角色，可以如何為異性戀帶來解放，因此他們結婚之後，婚姻的意義也就隨之開放了。在他們的結合下並不存在階級傳統，有些人對此十分樂見，一位長老會牧師曾經主持過幾場這樣的結婚儀式，他告訴我：「加州通過同性婚姻之後，我記得自己在為幾對同性伴侶主持儀式之前和他們見面，然後便明白了這點，古老的父權傳統設定並不能套用在他們的關係中，能夠見證這樣的發展實在是太棒了。」

美國的保守派相當害怕這波平權主義，又或許只是對之反感，畢竟這並不符合傳統，但是他們不想要談論這份傳統以及自己維護傳統的熱忱，不過只要你依循著他們抨擊的對象追下去，從生育權、女權以及二〇一二年底至二〇一三年初針對更新反婦女暴力法的激烈反對，不難看出他們的立場。不過，他們在阻止同性婚姻這件事上隱藏自己真正目的。

例如我們這些密切注意加州婚姻平權戰役中法院審理經過的人便聽過許多，說婚姻就是為了生養小孩，而生育顯然就需要精子與卵子的結合——但是這樣的結合在現代有許多方法，包括試管嬰兒以及代理孕母。而且大家都知道，現在有很多小孩都是由祖父母、繼父母、養父母帶大的，還有其他雖然不是親生卻很愛他們的人。

許多異性戀婚姻都沒有生養小孩，許多有生養小孩的也分開了：這樣的婚姻並無法保證小孩能夠在異性父母的家庭中長大。法庭上便嘲笑了反對婚姻平權者所提出關於生育及養小孩的論點，而且保守派並未提出應該是他們真正反對的原因：他們希望維持傳統的婚姻，而且更重要的是傳統的性別角色。

我認識許多在一九四〇及五〇年代結婚、可愛而迷人的異性戀伴侶，之後每十年當中都有，他們在婚姻中的關係是平等的、互相扶持而慷慨寬容，但是在過去，即使關係並非特別惡劣的人都存在著深層的不平等現象。我也認識一位最近剛過世的好人，享年九十一歲：他在事業的高峰期接受了一份遠在國家另一端的工作，完全沒有告知他妻子要搬家了或者邀請她一起做決定，她的人生並不由她決定，而是他。

該是時候關上門揮別那個時代了，打開另一扇門走出去，我們就能迎來平等：在各種性別之間、在婚姻伴侶之間、在各種情況下的每個人之間。婚姻平權是一種威脅：對於不平等而言，不過對於每一位重視平等、受益於平等的人來說都是一份恩惠，對我們所有人而言都是。

第五章

祖母蜘蛛

二〇一四

插圖請參考：

https://anateresafernandez.com/telarana/tel01/

I

一個女人正在曬衣服，一切都在發生，也無事發生。關於她的身體，我們能看見幾根手指以及一雙強壯的棕色小腿和足部，白色的床單掛在她身前，不過風一吹就貼在她身體上，顯露出她的身形。將衣服攤開來曬，這是再平常不過的動作，雖然她穿著黑色高跟鞋，彷彿是為了家事以外的事情而打扮，又或者這項家事對她來說已經像是舞會一般，她交叉的腿看起來就像是踩著舞步。太陽照出了她的影子，而白床單的黑影則和她的一同疊在地面上，那片影子看來彷彿是一隻長腿的黑鳥，從她腳下延伸而出的另一種生物。床單迎著風飛舞，她的影子也飛了起來，而她做這一切的同時，背景卻是一片荒涼而簡潔，似乎能夠看見地平線那端的地球曲面。曬衣服這樣的行為再平常不過，卻也再異常不過——還有畫畫，後者做到了失去言詞者所能做的，引發了一切而又不發一語，讓人浮想聯翩卻不承認特定的意義，只給你一個開放性問題而不給答案。就在這幅安娜・泰瑞莎・費南德茲（Ana Teresa Fernandez）的畫作（編按：https://anateresafernandez.com/telarana/tel01/）上，一名女性既存在著，也遭抹除。

II

我對這樣的抹除想了很多，或者應該說是對不斷出現的抹除之舉。我有個朋友，她的家族族譜可以往上追溯到一千年前，但上面並不存在女性，她才發現自己不在族譜上，但她的兄弟卻有，沒有她的母親，也沒有她父親的母親，或者她母親的父親。族譜上沒有祖母，父親有兒子、孫子，血脈就這樣傳承下去，名字也傳承下去；家族樹開枝散葉，而族譜寫得愈長，就有愈多人消失：姊妹、姑姨、母親、祖母、曾祖母，如此多數的人口注定要消失在紙上及歷史上。她的家族來自印度，不過這個版本的族譜對我們西方的人來說也很熟悉，就是聖經上那一長串父傳子的族譜，新約的馬太福音中列出了瘋狂的十四代族譜，從亞伯拉罕一路傳到了約瑟（卻沒有指出耶穌的父親應該是上帝，而非約瑟）。彩繪玻璃和其他中世紀藝術作中經常以耶西樹為主題，也就是以馬太福音中耶穌的父系族譜畫成某種圖騰柱的樣子，據說就是家族樹的先祖，於是這樣連貫一致的父系傳承、祖宗輩分及敘事，就是以抹去及排除而構成的。

III

消除你的母親，然後是兩位祖母，接著又是四位曾祖母，再往回追溯幾代就會有幾百人、又有幾千人消失。母親消失了，然後是這些母親的父親與母親，還會有更多生命消失，彷彿從未活在世上一般，直到你將一片森林縮減到只剩一棵樹、一張大網縮減到只剩一根線，要建構出血脈或影響力或者意義的線性敘事，就是要這麼做，我過去在藝術史上經常看到這樣的例子，我們會知道畢卡索影響了波洛克（Jackson Pollock）、波洛克又影響了沃荷（Andy Warhol）等等這樣下去，彷彿藝術家只會受到其他藝術家的影響。數十年前，洛杉磯藝術家羅伯特・埃文（Robert Irwin）最有名的事蹟便是他將一位紐約藝術評論家丟在高速公路旁，因為那位評論家拒絕承認一位年輕汽車改裝技師所改造的車輛作品是藝術品。埃文自己就是一位汽車改裝技師，而汽車改裝文化深深影響了他。我記得有一位當代藝術家，看到一篇分類介紹文章硬是為她加了一套家族譜系，聲稱她直接受到柯特・希維特斯（Kurt Schwitters）和約翰・哈特菲爾德（John Heartfield）的影響，她的反應比埃文有禮貌一點，但感覺一樣不爽，她知道自己的創作受到手工藝品、編織以及所有製作物品的實際行動所啟發，那是她孩提時看見到她家裡的砌磚工人工作，不斷堆砌的動作讓她著迷不已。每個人都會受到那些在正式教育之前所接觸的事物所影響，不知從何而來卻又源自日常生活，而這些被排除在外的影響，我稱之為祖母。

IV

要讓女性消失還有其他方法，其中包括了姓名的問題。在某些文化中，女性能夠保有自己的名字，但大部分情況下，她們的孩子都會掛上父親的姓氏，而在英語世界中一直到最近以前，結婚後的婦女就會讓人以丈夫的姓氏稱呼，前面加上太太的頭銜，例如，妳不再是夏綠蒂・布朗特（Charlotte Brontë），而是成為亞瑟・尼寇爾斯太太（Mrs. Arthur Nicholls）。姓名會抹去一名女性的譜系，甚至是其存在，這點也呼應了英國的法律，就像布萊克斯通在一七六五年就表明：

透過婚姻結合，丈夫和妻子在法律上視為一人：即，女性在婚姻期間的個人或法律地位皆不復存在，或至少可說與丈夫的地位整合併為一體。她所做的一切都處在丈夫的羽翼、保護及包覆下，因此在我們的法律上以法文稱之為 femme-covert（有夫之婦）……意指她處於丈夫的保護及影響下，丈夫就是她的**爵爺**、她的主人，而她在婚姻中的狀況就稱為已婚狀態。為此，男子不得答應給予妻子任何事物，或者與之締結盟約，因為要做出這樣的承諾便是假定她為有別於丈夫的存在。

他包覆著她就像一張床單、一條裹屍布、一道屏幕。她無法脫離他而存在。

V

女性的不存在有許多種形式，在阿富汗戰爭初期，《紐約時報》的週日雜誌刊登了一篇封面報導，介紹這個國家，報導標題下的大圖片應該是一張家庭照，但是我只看見一名男性以及小孩，後來我才驚訝發現，原本我以為是窗簾或家具的東西其實是穿戴著完整罩袍的女性，她完全消失在視線中，而無論關於面紗和罩袍還有什麼其他議題可討論，這樣的裝扮確實能夠讓人消失。面紗的歷史可以回溯到很久以前，在三千多年前就已經存在於亞述，當時只有兩種女人，一是受人敬重的妻子和寡婦，她們會穿戴面紗，另一種則是禁止穿戴面紗的娼妓和女奴。面紗就像是一種隱私牆，代表了這名女性屬於一位男性，是一種可攜帶的監禁工具。還有一種比較無法帶著走的工具能夠將女性關在家裡，囚禁在家事和生養小孩的家務領域中，幾乎脫離了公眾生活，也無法自由交流。在眾多社會中，之所以要將女性拘禁在家中是為了控制她們的性慾，在父系世界中，父親們有必要藉此確認自己兒子的身分，如此才能夠建構出自己的父系族譜；而在母系社會中，就不大需要這種控制了。

VI

在阿根廷一九七六年至一九八三年的「骯髒戰爭」期間，據說軍政府會讓人「消失」，他們會消失異議者、活動分子、左派人士、猶太人，男性女性都有，如果真的可能讓人就此消失，這些即將消失的人會被秘密帶走，即使是愛他們的人或許都不會知道他們的命運，大約有一萬五千至三萬名阿根廷人就此遭到抹除，人們不再跟自己的鄰居和朋友說話，因為害怕任何事情、任何人都可能出賣他們而噤聲。他們努力想要保護自己不被消失，結果讓自己的存在感愈來愈薄弱。**消失**這個動詞變成了名詞，因為有成千上萬人都已經成為了被消失者（西班牙文 los desaparecidos），而深愛他們的人則讓他們能夠活下去。最早發聲對抗這波消失的，最早克服了恐懼而發聲並現身的，是母親，她們被稱為五月廣場上的母親（西班牙文

Las Madres de la Plaza de Mayo），之所以有這樣的名字是因為她們都是消失者的母親，而她們開始出現在代表這個國家最核心地帶的地方，包括總統府所在的玫瑰宮（Casa Rosa），以及首都布宜諾斯艾利斯（Buenos Aires）的五月廣場，而她們一現身了便拒絕離開，若是被禁止坐下，她們便走路。雖然她們會遭遇攻擊、逮捕、訊問，並且遭驅逐出這塊最為公共的公共場所，她們還是一次又一次回來，公開指證表達自己的悲傷、憤怒，並且要求讓她們的兒子與孫子回來。她們戴著白色頭巾，上面繡著孩子的名字以及他們消失的日期。身為母親是一種情緒上與生理上的羈絆，當時掌管國家的將領實在無法將之描述為左派或者罪犯，這是一種政治新類型的掩護，就像在一九六一年冷戰陰影下所成立的美國女性為和平抗議團體，當時只要對政府表達出異議仍會被視為邪惡、共產分子。母親身分與可敬的精神成為這些女性的盔甲、裝扮，一邊的女性藉此攻擊軍政府將軍、另一邊的女性則藉此攻擊武器計畫和戰爭本身。這樣的角色是一面屏障，讓躲在後面的她們擁有某種有限度的行動自由，因為在這個體制下沒有人是真正自由的。

VII

我年輕時，在一家聲譽卓著的大學校園中發生了女性遭強暴的案件，而學校高層的反應是告訴所有女學生天黑後不要獨自外出，或者乾脆完全不要出門、待在室內（限制行動總是等著要圈住所有女性）。有些惡作劇的人張貼海報宣布另一種解決方案，那就是所有男性在天黑後都不得進入校園，這個方法也同樣符合邏輯，但是男性面對要自己消失的要求都十分驚訝，認為此舉剝奪了他們行動和參與集會的自由，這一切卻都只是因為一名男性的暴力行為。要將骯髒戰爭期間發生的消失事件視為犯罪很簡單，但是這幾千年來女性的消失又該怎麼算？女性消失於公共場域、族譜、法律地位上，失去了聲音與生命，又該怎麼算？義大利女演員莎蓮娜・丹迪尼（Serena Dandini）和同事一起組織了傷重致死計畫（義大利文 Ferite a Morte)，根據組織的估計，全世界每年約有六萬六千名處在特殊條件下的女性遭男性殺害，她們開始稱之為「女性殺害」(femicide)，這些女性大多數都是遭到愛人、丈夫、前伴侶殺害，兇手追求的就是最為極端的限制手段，是抹除、噤聲、消失的終極形式。這樣的死亡之前，死者通常會經歷過數年、數十年在家中、日常生活中藉由威脅和暴力手段遭到噤聲及抹除。有些女性是一次被抹去了一點點，有些則是一次完全抹除，有些還會再次出現，而每位現身的女性都必須對抗著那股亟欲讓她消失的力量，抵抗著想要代替她訴說故事的力量，或者是想要執筆讓她消失在故事、族譜、人的權利、法律規定之中。能夠說出自己的故事，無論是以文字或圖像，本身已經是一場勝利，就是一場反叛。

VIII

一個女人在曬衣服就有很多故事可說——將衣服掛到曬衣繩上有時候也是令人愉悅的工作，就像是繞了個彎而迎向陽光。另外，從安娜・泰瑞莎・費南德茲畫作中這位全身纏著床單的神祕人物，可以說出許多類型的故事。曬衣服或許是最夢幻的一種家事，空氣、陽光與時間都參與了水分從乾淨衣物上蒸發的過程，大抵上已經不再是享有特殊待遇的人才能做的事，只是我們無法判斷這位穿著黑色高跟鞋的女性究竟是家庭主婦、女傭或者是站在世界終結之際的女神，同時我們也無法回答她晾曬床單的動作代表了什麼，不過這個畫面讓我想起一連串與抹除案例相關的組織——就像自己用曬衣繩串起來了一樣。在乾衣機發明之前，晾曬通常就是讓衣物變乾的方法，我現在仍然會曬衣服，舊金山的拉丁及亞洲移民也是一樣，中國城公寓的窗外以及使命區（Mission District）住宅庭院所晾出的衣物，就像許多祝禱的經幡一樣迎風飛舞，這些破舊的牛仔褲、兒童衣物、這個尺寸的內衣、那套條紋枕頭套都訴說著什麼樣的故事？

IX

這位聖方濟各穿著一身白袍包覆著全身，我們只能看見強壯的一雙手掌和一隻腳，臉龐則隱在帽兜下的深沉黑影中。光源來自左方，讓那一身想必是羊毛的層層疊疊投射出深沉的黑影和起伏，他的雙臂在身前攏起捧著一個頭骨而形成一個圓圈，衣料的明顯皺褶就往外擺去。與這位聖人同名的十七世紀西班牙藝術家法蘭西斯柯・德・祖巴蘭（Francisco de Zurbarán）在畫作上，描繪聖人時總會畫出一層又一層的白色衣袍，就像堆疊成一座瀑布遮蔽住聖人耶柔米的形體，光與影在聖謝拉皮翁的身上旋轉交纏，他的雙臂高舉成像是筋疲力盡後終於投降，而圈住他手腕的鎖鏈讓他不致倒下。那些布料看來生動豐富、既內斂而又外顯，為其包覆的形體表達敘述，取代了肉體所能傳達的慾望感官，展現出更純粹但同樣強烈的情感；既隱藏了身軀也定義出空間，就像費南德茲畫作中的床單。此情此景能讓人感受到繪畫、光與影的純然愉悅，而且對照著老畫家的暗沉背景，費南德茲的作品則散發出光芒。在祖巴蘭的時代中，大多數布料都由女性紡織而成，但她們不會畫畫。我在一座古老的義大利城鎮中參觀過一場祖巴蘭的畫展，城鎮中有一座美麗的戲院，內部的牆壁和天花板上的畫作讓我想到舊金山一位壁畫藝術家蒙娜．卡隆（Mona Caron），不過雖然那些花環和緞帶讓人聯想到她的作品，當時卻沒幾位女性能夠畫畫、公開創作、定義我們觀看世界的方式、賺錢過活、創作出我們在五百年後或許還會觀看的作品。在費南德茲的畫作中，那條皺得張力十足又光影分明的白色布料是床單，講述的是一個家庭、一張床、在床上發生了什麼才要將床單洗乾淨、打掃房子，以及女性的工作，這是與床單相關的事情，卻無法說明床單的本質，畫作中描繪的女性形象模糊，但是其代表的女性卻不然。

X

數種顏色的顏料從管中擠了出來，混合後刷上了展開在木框的畫布上，看來就是一幅藝術作品，所以我們說自己看見了一名女人在曬床單，而不是看見畫布上的油性顏料。安娜・泰瑞莎・費南德茲在畫布上的創作長約一・八公尺、寬約一・五公尺，畫中的人物幾乎是真人大小。雖然這幅畫作並沒有標題，不過包含這幅作品的系列倒是有：Telaraña，意思是蜘蛛網，畫中的女子就陷在這張以性別與歷史編織而成的蜘蛛網上；她在這張畫中編織出自己的權力之網，占據主導位置則是編織出的床單。床單如今都由機器編織，但是在工業革命之前都是由女性編織，紡紗和編織的動作讓人將她們和蜘蛛連結在一起，也讓蜘蛛在古老的故事中變得女性化。在世界的這個部分，霍皮族、普維布洛族、納瓦荷族、喬克托族以及切羅基族等美洲原住民部落的創世故事當中，蜘蛛祖母都是宇宙的主要造物主。古希臘故事中也有一篇很出名的故事，提到一名不幸的紡紗女被變成蜘蛛，另外還有法力更強大的希臘命運三女神，她們紡著、織著並剪斷的絲線，代表的都是每個人的生命線，她們會確保這些人的生命都是一條線性敘事，總有終結的一天。蜘蛛網的形象是非線性的，象徵著某件事可能往許多不同的方向發展、有許多不同的源頭；象徵著祖母以及父系族譜。有一幅十九世紀的德國畫作中，描繪著婦女正在處理製作亞麻布料的亞麻籽，她們穿著木鞋、深色衣裙，戴著端莊的白帽，或近或遠地站在牆前，牆上則掛著捲成絲線狀的一綑綑原料，從每個人身上都伸出一條絲線連接到房間另一頭，她們看起來就像蜘蛛一樣，絲線看起來就像是直接從她們肚腹中吐出；又或者她們是被這些精緻而細膩的絲線綁縛在牆前，在其他的光線下是看不見的。她們在紡紗，也困在網中。

要紡織出一張網而不困在其中，要創造世界、創造自己的人生、主宰自己的命運，不只是父親們、還要說出祖母們的名字，畫出一張網而不只

是直線譜系，既要養家也要持家，要能夠歌唱而不被噤聲，要揭下簾幕並
現身：這一切都是我掛在那條曬衣繩上的旗幟。

第六章

吳爾芙的黑暗

擁抱難解

二〇〇九

插圖請參考：

https://anateresafernandez.com/telarana/tel07/

「未來一片黑暗，我想那是未來最好的可能。」

維吉尼亞·吳爾芙於一九一五年一月十八日在日記上這樣寫道，這時的她將要三十三歲，而第一次世界大戰也開始演變成一場災難性的大屠殺，這樣的規模前有未見，還會持續上好幾年，比利時遭到佔領，歐陸陷入戰局，許多歐洲國家同時也進犯世界各地的其他地方，而巴拿馬運河才剛開通，美國經濟陷入困頓，而義大利發生的一場地震才剛奪走二十九條人命，齊柏林飛船正準備攻擊大雅茅斯（Great Yarmouth），開啟空襲平民的時代，同時再過幾週，德國人也將首次在西部前線上使用毒氣。但是，吳爾芙所描述的大概是自己的未來，而非世界的未來。

不到六個月前，她剛剛經歷了一段瘋狂或說是憂鬱症的發作期，讓她試圖自殺，如今仍需要護士照顧，或者看守。事實上，一直到這段時間之前，她的瘋狂以及戰爭的時程發展都相當類似，不過吳爾芙康復之後，戰況又持續惡化下去，過了將近四年多腥風血雨的日子。**未來一片黑暗，我想那是未來最好的可能**。這樣的宣示非比尋常，主張即使未知要成為已知，也不見得就是透過錯誤的占卜結果、又或者是冷酷的政治或意識形態敘事預估，而是歡迎黑暗的到來，就像「我想」這兩個字所隱含的意思，願意接受不確定性，甚至對自身的主張亦然。

大多數人都害怕黑暗，對小孩來說是實際意義上的黑暗，不過許多成人最為害怕的黑暗，指的是未知、看不見的、模糊的未來。而另一方面，夜晚的概念不容易和黑暗區分開來、也不好下定義，卻是在同樣的夜晚中，我們做愛、萬物匯合為一體、改變、施予魔法、甦醒、浸淫其中、著魔、釋放、煥然一新。

在我開始寫這篇文章時，也拿起了一本勞倫斯．岡薩雷茲（Laurence Gonzalez）所撰寫的野外求生書籍來閱讀，在書中找到這句十分有道理的話：「所謂的計畫是對未來的記憶，試圖套上現實的外衣，想看看是否合身。」他的論點是，在兩者看似不相容的時候，我們通常會堅持計畫而忽略了現實給予的警告，結果一頭栽進了麻煩之中。我們害怕未知的黑暗、只能隱約窺見的空間，因此通常選擇了閉上雙眼、遺忘一切的黑暗。岡薩雷茲還說：「研究學者指出，人們經常會以接收到的資訊來鞏固自己的心智模型。如果說樂觀指的是我們相信自己所見到的就是世界的本來面貌，那麼我們天生就是樂觀主義者，而在計畫的影響之下，很容易就會看到自己想要看見的東西。」作家與探險家的工作就是要看得更多，在面對先入為主的觀點時盡量不帶包袱上路，張大了雙眼而走入黑暗。

並非所有作家及探險家都嚮往這麼做或者能夠成功，我們如今這個時代，非虛構的作品一步步更偏向虛構作品，而這樣的趨勢對虛構作品而言並非加分，一部分是因為太多作家都無法接受過去就和未來一樣，也有黑暗的一面。我們所不知道的事情太多了，而要真實描述出一段生命，無論是你自己的、你母親的或者某位知名人物的，又或者是要描寫一段事件、一場危機或另一種文化，就是要反覆投入那一片片黑暗中、進入歷史的夜晚、涉入尚未有人察覺的地方。他們告訴我們知識有其極限、有些謎團終究是無法解開的，起手式便要提醒我們自己所知道的，也只是某人在缺乏確切資訊下的所思、所感。

大多數情況下，即使是與自己相關的事情我們都不甚了解，遑論是關係到某個早已逝世的人，而此人生活的時代環境背景與活動都與我們的時代不相像，我們只能像填空一樣，用自己所知道的錯誤感知取代了並不完全知曉的真相，我們誤以為自己知道的時候，知道的就會更少，少於我們認清自己並不知道的時候。有時候我認為所謂無上的知識其實是語言的失敗：大膽提出主張的語言比較簡單又不費力，比起表達微妙差異、模糊性與猜測的語言要容易多了。而使用後者那樣的語言，沒有人能比得上吳爾芙。

黑暗的價值何在？冒著不可知的風險而涉入未知又有什麼用處？維吉尼亞・吳爾芙出現在我本世紀所寫的五本書中，包括記錄我散步多年歷程的《浪遊之歌》，描寫漫步閒逛以及未知的用處的《迷路圖鑑》（*A Field Guide to Getting Lost*），專門探討房屋及對居家夢想的《由內而外》（*Inside Out*），討論說故事、同理心、疾病以及意外連結的《遠近》（*The Faraway Nearby*），以及探索民眾力量以及變革如何進行的小書《黑暗中的希望》（*Hope in the Dark*）。吳爾芙一直都是我奉為目標的作家，名列我的萬神殿，而殿中還有豪爾赫・路易斯・波赫士（Jorge Luis Borges）、伊莎・丹尼森（Isak Dinesen）*、喬治・歐

* 譯注：本名為凱倫・白列森（Baronesse Karen von Blixen-Finecke）的丹麥作家。

威爾（George Orwell）、亨利・大衛・梭羅（Henry David Thoreau），以及其他幾位作家。

就連她的姓名都帶著一點野性。法文中描述黃昏這個時間是entre le chien et le loup，也就是在狗與狼之間，而維吉尼亞・史蒂芬（Virginia Stephen）這位英國女性在那個時代嫁給一名猶太人，也是選擇要表現出一點野性，要稍微跨出她的社會階級與時代框架之外。雖然姓吳爾芙的人很多，我這位一直就像是羅馬詩人維吉爾（Virgil）一般，引領著我認識關於漫步、迷路、匿名、沉浸、不確定以及未知等特性的用處。在《黑暗中的希望》一書中，我將吳爾芙那句關於黑暗的話當成貫穿全書的引言，這本出版於二〇〇四年的書以政治與可能性為主題，當初就是在布希總統決定入侵伊拉克的餘波盪漾中，為了因應那股絕望氣氛而寫成這本書。

看著，撇開視線，再看一次

我在書上一開始就引述了那句關於黑暗的話。文化評論家兼散文家蘇珊．桑塔格（Susan Sontag）心中的吳爾芙和我的吳爾芙不大一樣，她在二〇〇三年的著作《旁觀他人之痛苦》（*Regarding the Pain of Others*）主題是同理心及攝影，書中也引述了吳爾芙後來的一句話，桑塔格是這樣開始的：「一九三八年六月，維吉尼亞．吳爾芙出版了《三枚金幣》（*Three Guineas*），記述自己對於戰爭起源的反思，文字大膽無畏也不中聽。」接著，桑塔格開始檢視起吳爾芙對於「我們」此一概念的否認，尤其是在促成這本書問世的問題中：「在你看來，我們該如何避免戰爭？」她並沒有正面回答，而是如此論道：「身為女人，我沒有國家。」

然後桑塔格繼續和吳爾芙爭論起「我們」的概念，關於攝影、關於避免戰爭的可能性，她爭辯的語氣帶著敬重，同時也清楚認知到歷史環境已經澈底改變（包括女性身為局外人的處境），以及吳爾芙時代中人們總想像戰爭已經完全結束的烏托邦社會主義。她不只是與吳爾芙爭論，也與自己爭論，她在過去的代表作《論攝影》（*On Photography*）書中曾主張我們對於暴行的影像會逐漸麻木，但如今她否定了這個論點，並且也推測著我們必須如何持續觀看下去，因為暴行不會結束，而我們不免總是會牽扯其中。

桑塔格在著作的尾聲中，表達自己對於身陷在伊拉克及阿富汗肆虐戰火中的人們有何想法，她寫起戰火中的人們時說：

「『我們』並不了解，這裡提到的『我們』指的是從來沒有經歷過像他們那種經歷的人，我們無法體會，我們實在無法想像那是什麼樣子，我們無法想像戰爭有多麼糟糕、多麼可怕，而戰爭又變得多麼稀鬆平常。無法理解、無法想像。」

桑塔格同樣呼籲我們擁抱黑暗、未知以及未可知性，不要讓如泉水不斷朝我們湧來的影像讓我們信以為真，以為自己理解了，或者對痛苦的經歷麻木無感。她認為知識既能夠麻木感覺，也能喚醒之，不過她並不會以為能夠弭平兩者之間的矛盾，她允准我們繼續看著照片，允准照片中的主題有權力揭露出其經驗當中的未可知性，而她自己也清楚知道，即使我們無法完全理解，或許仍能在乎。

桑塔格並未討論我們無法回應完全看不見的傷痛這件事，因為即使在這個時代裡，我們每日都能從電子郵件中收到各種散播失去與暴行的訊息、關於戰爭與危機的業餘或專業紀錄，但是有太多仍然是看不見的。而掌權者會費盡一切心力藏起屍體、囚犯、罪行和貪腐：不過即使到了現在，或許還是有人在意。

大眾認識桑塔格這位作家是從她的一篇散文〈反詮釋〉（“Against Interpretation”）開始，此時的她頌揚著未定性，她在這篇文章一開始便寫道：「藝術的最初體驗必定就像是中了咒法、魔幻難解……」稍後在文中又說：「此時此刻的現在，詮釋這項任務大多是受了刺激的反應、令人窒息難受，這是有知者對世界的復仇。詮釋就是要耗盡一切。」當然，接著她在人生中就是不斷詮釋一切，而在幾個重大時刻中也和吳爾芙一般，抗拒著胡亂分類、過度簡化和妄下結論等行徑。

我與桑塔格爭論，一如她與吳爾芙爭論。事實上，我第一次見到她時便與她爭論起關於黑暗的概念，而讓我吃驚的是，我並沒有輸。如果你讀過她過世後出版的最後一本散文集《於此同時：散文及演講》（*At the Same Time: Essays and Speeches*），就會發現在她的文章中插入了一小段描述我的想法與例子，就像沾黏在她的襪子上的鬼針草小刺。桑塔格正在寫自己於二〇〇三年春天奧斯卡羅梅洛獎（Oscar Romero Award）典禮上的主題演講講稿，此時正逢伊拉克戰爭爆發（獎項頒給了伊夏・莫努辛〔Ishai Menuchin〕，他是以色列選擇拒服兵役委員會的主席）。

吳爾芙過世時桑塔格大概是九歲，而我是在她七十歲時去了她位於紐約卻爾西社區的頂樓公寓拜訪，往窗外望就能看見一隻石像怪的背影，桌上則散落著一疊印出的講稿片段。我一邊讀一邊喝著帶有霉味的蒲公英根茶，我懷疑這茶包放在她的櫥櫃裡已經幾十年了，廚房裡除了義式濃縮咖啡就只剩這個可選。桑塔格的主張是我們在原則上應該要抵抗，即使抵抗可能只是徒勞，我這才開始想要闡述寫作帶來的希望這番論點，而且我認為你又不知道自己的行動是否徒勞無功、你對未來並沒有回憶、未來確實是處於黑暗中，而這就是未來最好的可能，說到最後，我們一直都是在黑暗中行動。你的行動所造成的影響或許會以你無法預見、或甚至想像的方式展開，或許會在你死後良久才開始發揮作用，那經常就是眾多作家的文字最能引人共鳴的時候。

無論如何，如今的我們都在重溫這位女性的文字，她已經過世七十五年，不過就某個層面而言似乎仍活在眾多想像當中、存在於一部分的對話中，是一股有目的性的影響力。桑塔格的抵抗演講講稿在二〇〇三年春天就發表在湯姆通訊網站上，幾年後則收錄在《於此同時》書中，在這篇講稿中你可以讀到桑塔格在其中一段提到梭羅過世之後的影響力以及內華達試驗場（Nevada Test Site，在這裡進行過一千次以上的核子彈引爆測試，而且我從一九八八年開始就參與了當地的大型公民不服從行動，抗議核子武器競賽，持續了好幾年）。最後同樣的例子也出現在《黑暗中的希望》這本書中：講述著我們這群反核運動人士其實並未達成我們最明顯的目標，也就是關閉內華達試驗場，卻啟發了哈薩克的人民，在一九九〇年關閉了蘇聯試驗場。這是我們事先完全預測不到的，也完全無法預測。

從試驗場以及我在《野蠻夢境：美國西部的地貌之戰》（*Savage Dreams: The Landscape Wars of the American West*）一書描述的其他地方中，我學到了許多有關於歷史的悠久發展、關於意外的結果，還有延遲出現的影響。試驗場這樣一處重大匯聚和碰撞發生的地方，再加上有桑塔格及吳爾芙這樣的作家為模範，教會了我寫作。然後在多年以後，桑塔格藉著我那天在廚房對話中所提出的例子以及我寫下的一些細節，繼續發展出自己有關依原則行動的論述，這是我從來無法想像得到的小小影響，而且就發生在我們同時求助於維吉尼亞・吳爾芙的那一年，我們各自引述她的書中所提倡的原則可以稱之為吳爾芙原則。

冬日裡的兩次散步

在我看來，懷抱希望的基礎只是因為我們不知道接下來會發生什麼，而那些不可能發生的、無法想像的經常就這樣出現了，而根據非官方的世界歷史也能看見，專心致志的人們和民眾發起的運動能夠決定歷史的走向，也確實如此，只是我們無法預期要如何獲勝、何時獲勝、要花多久時間。

絕望是某種形式的確定，確切知道未來會與現在非常相似，或者每況愈下；絕望，用岡薩雷茲那句令人感受頗深的話來說，就是自信擁有對未來的記憶，而樂觀也是對於即將發生的事懷抱著類似的自信。兩者都是不付諸行動的理由根據。希望可以說是我們知道自己並沒有那樣的記憶，而現實也不一定符合我們的計畫；像是創造能力這樣的希望可以源自於浪漫時期詩人約翰・濟慈（John Keats）所謂的負面能力。

一八一七年仲冬的一個夜裡，大約比吳爾芙進入黑暗探索的旅程還要早了一百年左右，詩人約翰・濟慈一邊走路回家、一邊跟幾位朋友交談，然後他在一封信上描述了這趟散步，這封信就此流傳千古：「好幾件事在我心中銜接在了一起，而我馬上便驚覺到要塑造一位有成之人需要什麼特質，尤其是在文壇上……我指的是負面能力，也就是說一個人能夠處於不確定、神祕難解和疑慮中，而不會汲汲營營於想抓住事實與理性。」

濟慈這樣走著、談著、心中又有好幾件事情銜接在一起，顯示雙腳漫步這樣的方式能夠讓想像力隨之漫遊，讓人有所理解，這也就是一種創造力，這樣的活動將內省轉化成了踏出戶外的追尋。吳爾芙在自己回憶過往的散文〈往事概述〉（"A Sketch of the Past"）中寫道：「然後一天我漫步逛著塔維斯托克廣場，有時候我就是這樣想出新書的點子，於是構思出了《燈塔行》（*To the Lighthouse*），在這樣一陣強烈、顯然非我所願的匆促中，一件事爆發而成為另一個模樣，就好像從一根管子中吹出泡泡一樣，那感覺像是一大串想法和場景迅速從我腦海中冒了出來，我一邊走，一個個音節似乎就這樣從我嘴中自行冒了出來，是什麼吹出這些泡泡？為什麼是在那個時候？我毫無概念。」

在我看來，吳爾芙的才情中有一部分就是因為沒有概念、正是因為這種負面能力。我曾經聽說過在夏威夷有一位植物學家尋找新種植物的秘訣，那就是在叢林裡迷路，他會走到自己熟悉的範圍之外、拋開自己所知道的方法，更倚賴自己的經驗而非學識，選擇依循現實而非計畫。廣場邊的道路蜿蜒得令人預料不到，吳爾芙不僅僅是利用這段路更對此感到愉悅，無論是心智或雙腳都漫步其上。她在一九三〇年所寫的出色文章〈街道徘徊：倫敦冒險記〉（"Street Haunting: A London Adventure"）中，文字帶著她許多早期文章裡那種輕快而令人心曠神怡的語調，卻是更深入黑暗中探險。

虛構也好、羅織也罷，在倫敦冬日的黃昏時分外出買一支鉛筆的這趟路就是個好藉口，能夠探索黑暗、漫步、創造、抹滅身分，身體走在日常的路徑上時，心智裡所反映出來的卻是一場空前的冒險。「傍晚時分同樣也讓我們感受到黑暗與街燈所賦予的那種無拘無束，」她寫道，「我們再也不是那麼像自己了。我們在美好的午後四點至六點之間走出家門時，就擺脫了那個朋友所認識的我們，而加入了眾多踩踏街道的無名群眾，組成龐大的共和軍隊，經過一個人待在自己房間中的孤獨之後，參與在這樣的社會中感覺舒服多了。」她在這裡所描述的社會型態中並不會強加身分認同，反而讓人能從中解脫，一個由陌生人組成的社會、街道建構出的共和、大城市所創造出的匿名與自由體驗。

自省經常被描寫為一種在室內單獨進行的行為，就像在陋室中的僧侶、在書桌前的作家。不過吳爾芙並不同意，她這樣描述在家裡的感覺：「因為我們坐在那裡，身邊的各項物品都會不斷讓我們回憶起自身經驗。」她描述了那些物品然後主張：「但是門一在我們眼前關上，所有那一切都消失了。我們的靈魂散發出一層像甲殼一般的覆蓋安置好自己，自己塑造出一個與眾不同的形狀，卻在出門這一刻破裂，而在這一切皺褶與粗糙中就只剩下正中心那一顆感知敏銳的珍珠，就像一隻巨大的眼睛。冬日裡的街道是多麼美麗！」

這篇文章也找到了方向而進入我描寫散步的歷史，也就是《浪遊之歌》

一書，這本書寫的也是漫步的歷史以及運轉中的心智。住家的外殼算是一種監牢，同樣也是一層保護，這種熟悉感與連續性的包覆到了住家外面可能就消失了。在街道上散步也是某種形式的社會參與，而我們一同散步的時候甚至可以說是一種政治行動，就像我們揭竿起義、遊行示威、發起革命時一樣，不過這也可以是一種引人白日作夢、主觀思考和想像力的方法，好像是外在世界的提示與干擾以及內在世界的影像與慾望（還有恐懼）流動之間的二重奏。有時候思考是一種戶外運動，還需要身體力行。

在這些情境下，經常都是一些小小的干擾才能推動想像力向前，而非不受打斷的專注，因此思考要在毫無頭緒的情況下運作，繞著遠路信步走到無法直接到達的地方。在〈出沒街頭〉（"Street Haunting"）這篇散文中，想像力的旅程或許只是為了玩樂，不過這趟迂迴蜿蜒的路程讓吳爾芙能夠構思出《燈塔行》的形式，讓她的創作更進一步，而這或許是她坐在書桌前時無法達成的。完成創作的方式總是讓人預料不到，需要有漫步的空間、無法受制於時程與系統，不能簡化成能夠複製的公式。

公共的空間、都市中的空間，在其他時候都能符合民眾的需求，讓社會中的成員與其他人建立連結，不過此刻身處在這些空間中卻讓人能夠從個人身分的束縛與羈絆中消失。吳爾芙所稱頌的是迷失，不是字面上所謂不知道如何找到方向的迷失，而是敞開心胸接受未知的迷失、以及實體空間能夠賦予心靈空間的那種迷失。她描寫著白日夢，又或許在這個例子中就是做夢，就是想像自己身處在另一個地方、成為另一個人的樣子。

在〈街道徘徊〉一文中，她也對身分這個概念感到好奇：

> 或者說，真正的自我既非此亦非彼，既不在這裡也不在那裡，而是如此多變又隨興，只有我們把韁繩交到其想望的手上而任其無阻無礙引領前行，這時的我們才是真正的自我嗎？情勢使然，讓人不得不團結一致；而為了方便，人也必須完整一體，一位得體的市民在傍晚推開大門，那人必定是銀行家、高爾夫選手、丈夫、父親；而不能是在沙漠中漫遊的遊牧之民、仰望星空的神祕論者、遊走在舊金山貧民窟的浪子、領導革命的士兵、呼喊著懷疑及孤獨論述的邊緣人。

不過她說，所有這些他者都是他，而限制了他的可能性的種種約束都不是她的約束。

不確定性原則

詩人華特・惠特曼（Walt Whitman）曾在詩句中寫道：「我的內在含有許多面向。」聽起來像是法國詩人阿杜爾・蘭波(Arthur Rimbaud)所謂「我為另者」比較容易理解的版本，而吳爾芙所呼求的則是更加內省的版本，呼籲營造出不會逼迫身分認同一致的情境，因為如此只會加諸限制或甚至是壓迫。經常有人提到，吳爾芙會為自己在小說中的角色這麼做，散文中的就比較少，而且以文章中稱頌與擴張那種追根究柢、帶批判性的語氣來演示，並在她不斷堅持表達出多樣性、不可縮減性之下要求這麼做，或許還有神祕性，而這個神祕性可能是指某件事物能夠不斷發展的能力、能夠超越、變得無法侷限、包含更多。

吳爾芙在文章中描寫這種不受拘束的意識、這條不確定性的原則，通常既是一種宣示，也是一種示範或深究，同時還是反批評的模範，因為我們通常都認為批評的目的就是要做出最終確認。在我過去做藝術評論的那段歲月裡，我經常開玩笑說博物館喜愛藝術家的方式就像標本製作師喜愛鹿類，都是抱持著某種想要保全、制服的想望，意欲在藝術家那番不知結果如何又朦朧不清的冒險作品中引出一些確定及肯定，許多在這堵禁錮中工作的人都存有這樣的慾望，而禁錮的名字就叫做藝術界。

在文學評論及學術研究當中，對於作品的無法捉摸以及藝術家模糊不明的意圖及意義，通常也抱持著類似的挑釁意味，因為他們想要確認那些不確定的、知曉那些未可知的，將在天上飛翔的自由變成餐盤上的美饌，想要分類歸整，若是無法分類清楚的可能根本就不在他們的偵查範圍之內。

有一種反批評的理論想要擴張藝術作品的範疇，將之連結起來、揭開其中的意義、接受各種可能性。傑出的批評論述能夠解放一幅藝術作品，能讓人完整看見、保持活躍、參與一段永遠不會結束的對話，不僅不會結束，更能夠不斷餵養人們的想像力。這並非反對詮釋，而是反對侷限，反對扼殺靈魂，而這樣的批評本身就是傑出的藝術。

這種批評不會讓評論者與文本為敵，不會尋求掌握權威，而是希望能夠與作品及其概念同行，敞開心胸使之能夠盛放，也邀請其他人加入一場先前或許可能是無法滲透的對話，牽引出原本可能看不見的關係，也打開了之前可能是鎖上的門戶。這種批評會尊重藝術作品中本來就存在的神秘感，作品中的美麗和愉悅有一部分也與之有關，兩者都是無法簡約而主觀的。最惡劣的批評會想要成為最後的拍板定案，讓我們其他人就此噤聲；而最優秀的批評則會開啟一場必須永不停歇的交流。

自由解放

吳爾芙解放了文本、想像力、虛構人物，接著便要求讓我們自身擁有自由，女性尤甚需要。這就關係到了我最崇拜吳爾芙的癥結點：她總是稱頌的那種解放既非正式、不屬於體制內、也非理性，而是一種超越了人們所熟悉的、安全的、已知的境界，進入到更寬廣的世界。她要求女性得到解放，並不僅僅是為了讓女性能夠去做一些男性能夠做的體制內行為（而女性現在也能這麼做了），更要擁有完整的自由能夠去探索，無論在地理範圍或想像範圍中皆然。

她清楚知道這需要各種實際形式的自由與權力，在《自己的房間》（*A Room of One's Own*）一書中便明白表達，而大多數人經常只會記得這本書主張要讓女人有自己的房間及收入，不過其實書中透過茱蒂絲·莎士比亞

（Judith Shakespeare）那段神奇而又悲慘的故事來要求讓女人受大學教育、擁有全世界，這位劇作家的妹妹注定一生無望：「她沒有辦法訓練自己的才華，我們甚至要懷疑，她能夠到小酒館裡吃晚餐或者半夜時在街頭遊蕩嗎？」在酒館裡吃晚餐、半夜走在街上，在城市中漫遊的自由正是自由的關鍵元素，無關乎定義某人的身分，而是能夠丟掉身分。或許她在小說《歐蘭朵》（*Orlando*）中描寫的那位活了幾百年的角色，從一種性別轉換成另一種性別，體現了吳爾芙對於絕對自由四處探索的理想，無論在意識、身分、戀情和地理位置皆然。

自由解放的問題在她的演講「女性的職業」（"Professions for Women"）中以另一種方式出現，她在演講中興致勃勃地描述了殺死「家庭中的天使」這件事，指的便是能夠應付其他所有人的需求與期望、而非自身的理想女性。

> 我用盡自己的全力殺了她，若要把我抓上法庭問罪，我的藉口便會是此乃自衛之舉……殺死家庭中的天使便是女作家職責的一部

分。天使已死，那麼還剩下什麼？或許可以說剩下的就是一個單純而平凡的物體——一個年輕女人待在臥房裡對著一瓶墨水；也就是說，如今她讓自己擺脫了虛假，這位年輕女人只需要做自己即可。啊，但是何謂「自己」？我是說，什麼叫做女人？我可以跟各位坦承，我並不知道，而我相信各位也不知道。

至此你已經注意到，吳爾芙說了不少次「我不知道」。

「殺死家庭中的天使，」她繼續說道，「我想我解決了問題，她死了。但是第二個問題來了，也就是要說出關於我自己這副身體經驗的真相，我想我還沒解決，我懷疑大概還沒有其他女人已經解決這個問題。在她面前的障礙仍然無比強大，不過要定義這些障礙也相當困難。」這就是吳爾芙表達溫和不順從的高明語調，而光只是說出她的真相必定與身體有關，這話本身就是離經叛道，甚至可以說在她說出口之前幾乎沒有人想像得到。形體概念出現在吳爾芙作品的方式比起其他人的要更加莊重許多，例如喬伊斯（James Joyce）的作品，不過儘管她所探討的是可能獲取權力的方法，但是在她的〈關於生病〉（“On Being Ill”）一文中，她卻發現即使是生病所帶來的無力感仍是一種解放，能夠注意到健康人未能注意到的東西、以清明的雙眼閱讀文本、能夠脫胎換骨，這點倒是吳爾芙才能寫出的。我所熟悉的所有吳爾芙作品中都包含著某種奧維德（Ovid）筆下《變形記》（*Metamorphoses*）的味道，其中所尋求的自由便是能夠持續成長、探索、漫遊、前進的自由，她就是一位脫逃藝術家。

吳爾芙所呼籲的是某些特定的社會變革，自己也擁有革命理想，（當然，她擁有屬於她那個階級、時空的缺點與盲點，在某些方面她能夠看得更遠，但並非面面俱到。我們同樣也有那樣的盲點，後世的人可能會也可能不會為此譴責我們。）不過她的理想是擁有一種自由，必須既是內在的自由，也是情緒上、智識上的自由。

過去二十多年來，我自己靠著文字過活的職責一直都是想要找出或者創造一套語言，能夠描述一切事物核心中的那種微妙的、無可計算的、妙趣橫生的和有意義的，這是無法歸類清楚的。我的作家朋友奇普・沃德（Chip Ward）談論過「可量化的獨裁性」，也就是說只要能夠測量出來的幾乎總是勝過無法測量的：私人利益勝過公共福祉、速度及效率勝過舒適度和品質、功利主義勝過各種謎團和意義，即使後者對我們的生存更加有用，而且不只是我們的生存，以及生存得比我們更久、擁有某種目的及價值的生命，能夠創造出值得擁有的文明。

可量化的獨裁性一部分也要歸咎於語言以及對話，無法描述出更加複雜、細膩而易變的現象，同時也是因為那些影響輿論以及下決策者無法理解並重視這些更難捉摸的事物。面對無法命名或描述的事物，要評估其價值很難，有時候甚至是無法辦到，因此命名及描述這項工作在對抗資本主義及消費主義現況的叛亂中就是關鍵。到頭來，地球之所以毀滅，一部分（或許是很大一部分）就是因為無法想像，或者是想像力遭到無法計量出重要事物的計量系統所腐蝕。反抗這樣的破壞就是一股想像力的叛亂，偏好的是一種細膩感，是金錢買不到、企業無法掌控的愉悅感，希望能夠製造意義而非只是單純接受，偏好那些緩慢的、曲折的、離題的、有探索性的、情感上的，以及不確定的。

我想要以吳爾芙的一段文字作結，我的畫家朋友梅伊．史蒂文斯（May

Stevens）將這段話寫在自己一副畫作的文字之上，然後寄給我，而這段文字最後也收錄在《迷路圖鑑》這本書裡。在梅伊的畫作中書寫著吳爾芙的長句，就如流水一般起伏，成為一股重要的推力將我們所有人都帶著走而向上浮起。在《燈塔行》中吳爾芙寫道：

如今她不必再為了任何人著想，她可以做自己，獨立而行，她如今就是常常覺得自己需要這麼做——思考；或者說，就連思考都不要。沉默不語、獨自一人，全然的存在與作為，廣闊的、閃亮的、暢所欲言的、昇華的，然後兀自縮了下去，帶著一種莊重感，成為自己、一塊楔形的黑暗核心，這是其他人所看不見的。雖然她持續打著毛線也坐得直挺，只是因為這樣她才會感覺到自己，而這個自己已經甩開了所有累贅，能夠自由展開最為奇異的冒險。生命短暫沉潛了一會兒，經驗的領域似乎就變得毫無界線……底下的一切是一片黑暗，一切都在不斷擴張、深到不見底；不過偶爾我們會浮出表面，而那就是你見到我們的機會，她的地平線在她看來似乎是無遠弗居。

吳爾芙給了我們一種無拘無束，想抓住是不可能了，而我們又急切地想抓牢，如水一般流動、如慾望般無限，成為了讓我們據以迷失的羅盤。

第七章

身邊盡是一群變態的卡珊卓

插圖請參考：

https://anateresafernandez.com/ablution/ab05/

卡珊卓的故事說的是一個女人說出了真相卻無人相信，不過在我們文化中的影響力還不如喊著「狼來了」的男孩，畢竟這個男孩說謊的頭幾次還有人相信。或許也是應該的，卡珊卓身為特洛伊國王的女兒，遭到的詛咒就是她能夠做出準確的預言，卻沒有人會相信，她的人民認為她既癲狂又謊話連篇，而且在某些版本的特洛伊戰爭故事中，人民甚至把她關了起來，直到亞加曼儂將她當成戰利品帶走，結果在亞加曼儂遇刺時也一同遭到殺害。

在性別戰爭這片起起伏伏的海域上航行時，我一直都在思考著卡珊卓的故事，因為在這些戰事中，可信度實在是一股十分基礎的力量，而且女性也實在是經常會遭到指控，大多都會歸類於缺乏可信度的團體。

無獨有偶，若是一名女性說了什麼抨擊某位男性的話，尤其是正面擊中現狀核心、特別是如果與性有關，對此的回應中不只會質疑她所主張的事實，更會懷疑她發聲的能力以及這麼做的權利。數個世代以來的女性都聽過別人這樣說，她們是在妄想、搞不清楚、存心挑撥、居心不良、陰毒謀劃或者天生就不誠實，經常以上皆是。

我之所以對此有興趣，一部分是因為我實在忍不住要廢黜這樣的想法，而且討論到最後經常都會很快落入這樣的邏輯不通或歇斯底里的狀態，讓女性常常遭受指責。舉個例子，美國電台主持人拉什・林博（Rush Limbaugh）曾經稱呼女權運動人士珊卓・弗魯克（Sandra Fluke）是「騷貨」、是「妓女」，因為弗魯克在國會中向民主黨作證主張必須挹注資金進行計畫生育，而林博顯然完全無法理解計畫生育是怎麼運作的，林博這位世界沙拉之王*、完全搞不懂事實、內心一團焦慮的傢伙，若是有人偶爾能罵他是歇斯底里也不錯。

瑞秋・卡森也就因為自己討論農藥危險性的重要著作《寂靜的春天》（*Silent Spring*）而被貼上這樣的標籤。卡森撰寫出這本書，其中的研究有詳細的注解，而且論述在如今看來也有預言成分，不過化學公司並不開心，

---

* 譯注：曾經有記者挖出一本相當老舊的食譜，其中赫然收錄了林博母親的一份沙拉食譜，而這份名為「海底沙拉」(Under the Sea Salad) 的食譜中所使用的食材包括了萊姆果凍、黑橄欖和鳳梨。

而且要說起來，身為女性就是她的致命傷。一九六二年十月十四日，《亞利桑那星報》(*Arizona Star*)刊登對她這本書的書評，標題寫著〈《寂靜的春天》寫著太過歇斯底里的抗議〉；《時代》雜誌在前一個月才有一篇文章向讀者保證，滴滴涕（DDT）對人體完全無害，並且稱卡森的書「論述不公、只有單方面說法，而且同理心氾濫到歇斯底里」，「許多科學家能夠理解卡森小姐……對於自然界的平衡懷抱著神祕的情感，」評論中承認這點，「但是他們也害怕她情緒化又不正確的爆料……可能造成傷害。」碰巧，卡森自己**就是**科學家。

歇斯底里一詞衍生自希臘文中意指「子宮」的詞彙，而過去一度認為這個詞彙所描述的極度情緒化狀態是肇因於無所事事的子宮，從定義上來說，男性就不會面臨這樣的診斷，如今這個詞彙的意思就只是前後矛盾、緊張兮兮又或許是困惑不已。十九世紀末，經常有人被診斷出這個症狀，而女性經診斷患有歇斯底里症之後，其痛苦便由西蒙·佛洛伊德（Sigmund Freud）的老師讓—馬丁·沙可（Jean-Martin Charcot）公開展示，這些病患當中有些人顯然一直飽受虐待並因此而遭受創傷，又無法表達出原因。

年輕的佛洛伊德連續遇到好幾位病患，病因似乎都是出自童年時遭受過性虐待，就某種層面來說，他們所說的內容都令人難以啟齒：即使是在今時今日，經歷過戰爭中以及家庭生活中最為殘酷的創傷，無一不在毀壞社會風俗及受害者的心理，病人要開口也會是無比痛苦。性侵害就和虐待一樣，是攻擊受害者維護身體尊嚴、自我決定和自我表達的權利。這是一種滅絕、噤聲，意圖要抹除受害者的聲音及權利，因此受害者必須挺身反抗這股毀滅的力量以發聲。

說出故事並為其背書，而說故事的人又能得到認可及尊重，這仍然是我們目前對於克服創傷最有效的方法之一。令人驚奇的是，佛洛伊德的病人還是能夠找到方法說出自己遭受的磨難，而且一開始他也聽見了，他在一八九六年寫道：「因此我提出一套假說，每一件歇斯底里病例都是根源於病人發生過一次或多次**過早的性經驗**。」然後他又否定了自己的發現，如果他相信自己的病人，他寫道：「在所有病例中，就必須指責其父親做出悖倫之舉，**我自己的父親也不能排除在外**。」

提倡女權的精神科醫師茱蒂絲・赫曼（Judith Herman）在她的著作《從

創傷到復原》（*Trauma and Recovery*）便說道：「他在私人信件中清楚表明，對於他的假說在社會上掀起如何偏激的影射思考感到愈來愈不安……在這樣的兩難之下，佛洛伊德便不再聽信女病人的故事。」如果她們說的是實話，他就必須挑戰父權權威這整面高牆才能支持她們的說法。後來赫曼又說：「因為他頑固的堅持不懈，將自己的論述翻轉得更加澈底，堅稱是女人想像出這些故事，女人其實渴望著自己口中抱怨的這些性虐待經驗。」彷彿是為了所有逾越分際的權威建構出一套方便的不在場證明，讓所有男性侵害者能夠對女性下手。她想要的、她想像出來的、她不知道自己在說什麼。

沉默就像但丁筆下的地獄那樣形成一個個同心圓，首先是內在的抑制、自我懷疑、壓迫、困惑以及羞恥，讓開口說話從困難變成了不可能，同時加上害怕因為這麼做而遭到懲罰或驅逐。如今是達特茅斯學院（Dartmouth College）的新任哲學系主任蘇珊．布里森（Susan Brison）在一九九〇年遭到一名陌生男子強暴，他叫她是妓女並且要她閉嘴，然後不斷掐著她的脖子，拿石頭一再敲擊她的頭部然後把她留在原地等死。後來她發現自己想談論這段經歷時有許多問題：「決定要談論並書寫我遭到強暴的經歷是一回事，但是要用什麼樣的聲音來進行又是另一回事。即使在我破裂的氣管癒合之後，我說話經常還是有困難。我從來就不曾完全失聲，但是有好幾次都發生過我朋友所謂的『破碎談話』，我說話時會結巴口吃，無法將簡單的句子串連起來，結果讓字句散碎，就像一條斷裂的項鍊。」

圍繞著這一圈之外的，則是意圖讓還是想說話的人閉上嘴的各種力量，無論是透過羞辱、霸凌或者直接使用暴力手段，包括能夠致死的暴力。這塊區域中數量尤多的就是在高中及大學時期遭遇強暴的受害者，在許多案例中，這些年輕女性會因為發聲而受到騷擾及威脅，有些人會因此出現自殺傾向，而潛在的罪案也就不會經過調查或起訴，顯然近年來許多美國大學的畢業生中就有不少未受到懲罰的強暴犯。

最後在最外圍的一環，故事已經說出、說故事的人也沒有直接遭到噤聲，故事和這個人就會遭到抹黑。考慮到這個區域中的敵意，回想起佛洛伊德願意敞開心胸聆聽病患故事的那段短暫時期，或許可以稱之為虛假的黎明，因為正是在女性開口談論性犯罪時，她們發聲的權利與能力就會遭受攻擊，在此刻一切似乎就像是反射動作一般，這樣歷史悠久的模式絕對一清二楚。

這樣的模式在一九八〇年代第一次面臨全面的挑戰，此時的我們已經聽過太多有關一九六〇年代的事，不過大多數人卻都忽略了、忘記了在一九八〇年代的重大改變，包括在世界各地遭到推翻的政權、在臥房裡、教室裡、職場上以及街道上，甚至是在政治組織活動中（如今因女性主義的啟發而愈來愈高漲的共識，以及其他反對階級、反對極權的手段）。這是個爆炸性的年代，那個時代中的女性主義經常被斥為冷酷無情的反性愛論述，主張性愛就是權力鬥爭的場域，而權力很容易濫用，因為權力本身就說明了一部分濫用的本質。

女性主義者不只是積極要求立法，而且從一九七〇年代中期開始也努力定義並命名侵害的所有類型，在過去一直沒有認清這點的重要性。這麼一來，他們宣告了濫權是一項嚴重問題，而所有男性、上司、丈夫、父親（大致上都是成人）的權力將要面對質疑。他們打造出一套框架及支持網絡來容納亂倫及虐待兒童的故事，以及強暴和家暴案件，這些故事成為我們這個時代敘事爆發的一部分，同時還有許多先前保持沉默的人也開口說出自己的經歷。

那段時期的混亂有一部分是因為，當時還沒有人十分清楚該如何聆聽孩子說的話、或者該如何詢問，又或者在某些案例中，該如何從孩子自己的記憶或是接受治療的成人病患記憶中梳理出資訊。惡名昭彰的麥克馬丁幼兒園虐待案是美國歷史上耗時最久、耗費成本也最多的審判之一，起因是在一九八三年，洛杉磯地區一位母親聲稱自己的孩子在那裡遭人猥褻，政府當局不僅很快插手干預，甚至要求父母開始詢問孩子誘導性問題，並且雇請了一位心理治療師訪談了上百名孩童，詢問更多誘導性問題，提供獎品、玩偶並且運用其他工具及技巧，幫助他們建構出一套關於撒旦邪教虐待的瘋狂故事。

麥可馬丁審判中混亂的訊問結果有時候會被援引來證明孩童是不可靠的、容易妄想的騙子，不過或許也可以藉此記住，在這件案子中有問題的是大人。法學教授道格・林德（Doug Linder）寫道，該案的檢察官接受訪問時提到，他「知道那些孩子開始對自己遭到性虐待的故事『不斷潤飾再潤飾』，而且說身為檢察官，『我們在法庭上無用武之地』」，接著又說有可能證明無罪的證據都被壓了下來。即使如此，被告在那段漫長的審判以及後續審判中都未被判有罪，只是很少有人記得這件事。

一九九一年十月十一日，一位法學教授被傳喚到美國參議院司法委員會上作證，這次是為了喬治・H・W・布希（George H. W. Bush）提名克萊倫斯・湯瑪斯（Clarence Thomas）任最高法院大法官所舉行的確認聽證會，而這位發言的教授是安妮塔・希爾（Anita Hill）。原本她是在私底下接受訪談，後來訪談的內容被洩漏給媒體，於是她要在參議院的聽證會上重述自己與當時的上司湯瑪斯的數次共處經驗，湯瑪斯讓她聽著自己談論曾經看過的色情片以及自己的性幻想，同時也逼迫她跟自己約會，而當她拒絕時，她說：「他不願意接受我的理由，認為那不算數。」好像說不本身還不算數。

雖然有人批評希爾在當時對湯瑪斯的行為毫無作為，我們也應該記住，女性主義者是一直到了最近才開始討論並創了**性騷擾**一詞，而在她描述這些事件發生之後的一九八六年，美國最高法院才承認在職場出現這樣的行為是違法。她在一九九一年出聲談論這件事時便遭受到鋪天蓋地而憤怒的攻擊，質問她的人都是男性，尤其共和黨人士更是語出嘲諷、不願相信並反唇相譏。有一位證人根據自己與希爾的幾次短暫會面，作證說她對湯瑪斯曾有過性幻想，參議員阿倫．史派克特（Arlen Spector）便詢問這位證人：「你認為希爾教授是否有可能想像出或者幻想出她所指控湯瑪斯的這些事情？」這完全又是那一套佛洛伊德理論框架：若是她說曾經發生了某件討厭的事情，其實她是希望這件事發生，而或許她無法分辨其中差異。

全國陷入一片譁然也掀起某種內戰，畢竟許多女性都能完全理解日常中的騷擾是怎麼回事，而舉報之後又可能帶來多少令人不愉快的結果，許多男性則無法理解。在短期來說，希爾要面對眾人羞辱的考驗，而湯瑪斯仍然贏得了這份任命。力道最猛烈的指控來自保守派記者大衛．布洛克（David Brock），他先是發表文章然後又出了一整本書抹黑希爾，十年後他才懺悔收回自己對希爾的攻擊以及與右派結盟的舉動，寫道：「我盡自己一切所能要毀掉希爾的可信度，採取了亂槍打鳥的策略，我從湯瑪斯陣營收集到許多攻擊希爾的詆毀指控（而且經常還互相矛盾），幾乎全部都拿出來加進這一團抹黑當中……用我的話來說，她就是『有一點瘋癲也有一點放蕩』。」

長期來說，「安妮塔，我相信妳」成為了女性主義者的口號，而經常有人認為多虧了希爾才能夠掀起一場革命，讓人們認識到職場性騷擾問題並有所回應。聽證會過後一個月，國會通過了一九九一年民權法案，其中就包括允許性騷擾受害者能夠向老闆提告要求損害及欠薪賠償，而隨著人們能夠有管道來舉報職場濫權的問題，騷擾案的提告也就激增不少。一九九二年的選舉被暱稱為「女性之年」，卡蘿・莫斯里・布勞恩（Carol Moseley Braun）至今仍是唯一勝選進入參議院的非裔美國女性，而與她一同贏得選舉的還有比過去更多的女性參議員及眾議員。

不過即使到了現在，若是有女性針對男性的不良行為說了什麼令人不快的話，常常還是會有人將她描述成心存妄想、惡意的心機女子，是個病態的騙子，這個滿口抱怨的女人不知道這一切都只是開開玩笑，又或者以上皆是。這些回應的強烈超過了正常程度，讓人想起佛洛伊德曾經引述過一個破損茶壺的玩笑，有個男人向鄰居接了茶壺，歸還之後鄰居指控說茶壺有破損，男人回答說自己歸還的茶壺並無毀損，而是借來時就已經破掉了，而且他根本就沒有借過茶壺。當一個女人指控一個男人，而他或是幫他說話的人那樣激烈抗議的時候，她就成了那個破茶壺。

即使在今年，蒂倫．法羅（Dylan Farrow）再次指控她的養父伍迪．艾倫（Woody Allen）曾經猥褻她，她就成為了世界上最破的破茶壺。一大群人對她群起攻之，艾倫也發表了一篇長文，表示自己不可能像她所說的那樣在閣樓裡猥褻小孩，因為他並不喜歡那間房間，並認為他的女兒可能是受到她母親米亞（Mia Farrow）的指導及「灌輸」，而蒂倫．法羅所發表的那篇控訴可能就是由米亞代筆，還說米亞「無疑」是從一首描寫閣樓的歌曲中得到靈感。還有一道性別之間的差異，許多女性都認為這位年輕女性所說的可信，因為她們以前也都聽過這樣的話，但是許多男性似乎都把焦點放在虛假的指控並誇大了這類事件發生的頻率。有些人又提起了麥克馬丁幼兒園審判案這縷鬼魂，這些人似乎對這次審判及其結果的記憶有所偏差。

赫曼在《從創傷到復原》一書中一同討論到了強暴、猥褻兒童以及戰時創傷，指出：

> 保密及沉默是加害者的第一道防線，若是無法保密，加害者便會攻擊受害者的可信度，而若是他無法讓她保持絕對的沉默，就會努力確保不會有人聽她所說的話……經過了每一種惡行之後，可以想見會聽到同一套預料中的道歉：從來沒發生過、受害者說謊了、受害者誇大了、受害者自作自受；而且不管怎麼說，如今該是時候忘掉過去往前走了。加害者的權力愈大，能夠決定並定義現實的特權便愈大，他的論述也愈能夠徹底輾壓。

不過在我們這個時代，他們的論述不見得都能輾壓一切，我們所身處的時代中仍然不斷爭辯著應該允許誰有發言的權利、讓人相信的權利，而壓力來自雙方皆有。從男性的權利運動以及許多普遍的錯誤資訊當中浮出了一個概念，認為如今出現愈來愈多沒有根據的性侵害指控*，其中就暗指女性這樣的群體並不可靠，而所謂「不實的強暴指控才是真正的問題」，這個藉口就被用來讓個別女性閉嘴並且避免討論性暴力，而凸顯出男性才是主要的受害者。這個框架讓人想起了選舉舞弊的討論框架，長久以來美國幾乎沒有出現過選舉舞弊的問題，顯然對選舉結果也沒有明顯的影響，但是保守派人士總是聲稱這樣的舞弊隨處可見，而近年來這套論述則用來對付那些有可能投票反對他們的人，讓他們失去投票權，也就是貧窮人口、非白人以及學生。

我在這裡要主張的並不是說女人和小孩不會說謊，男性、女性、

* 原文注：不實的強暴指控確實存在，也是相對很罕見，不過那些誤遭定罪的故事聽來相當可怕。根據英國皇家檢控署（the Crown Prosecution Service）在二〇一三年發表的研究指出，在研究進行期間有五千六百五十一件強暴案遭到起訴，同時只有三十五件不實的強暴指控遭訴。另外，二〇〇〇年一份美國司法部的報告則列出在美國的情況估計：每年有三十二萬二千二百三十起強暴案，結果當中有五萬五千四百二十四件案子有報警，二萬六千二百七十一次逮捕紀錄，以及七千零七件案子遭到定罪，也就是說在統計發生過的強暴案中大約只有略高於百分之二的比例有定罪，而有報案的其中百分之十二最後要入獄服刑。其中屬於不實指控的數字顯然並不算多數。

小孩都會說謊，但是後兩者傾向選擇說謊的可能性並不會高到不成比例，而男性這個群體當中包含了二手車商、閔希豪森男爵（Baron von Münchhausen）*以及美國前總統理查・尼克森（Richard Nixon），他們也不具備特殊的誠實性格。我要說的是我們應該要清楚了解，這種認為女性容易說謊而心思複雜的老舊框架仍然經常會跑出來，而我們應該學著認清這種框架的本質。

我有一個朋友在一所知名大學裡負責性騷擾防制訓練，她表示自己有一次在學校的商學院中進行簡報時，一位年紀較大的男教授便問：「為什麼只是根據一位女性的舉報我們就要展開調查？」她有幾十個像這樣的故事，還有其他關於女性的故事，包括學生、職員、教授、研究學者等等，努力想辦法讓人相信她們，尤其是在她們指證地位更高的加害者的時候。

今年夏天，老古板的專欄評論作家喬治・威爾（George Will）便聲稱這只是「自以為是的校園強暴氾濫問題」，大學、女性主義者或者自由派人士「將受害者變成一種人人都想披上、能夠帶來特權的身分，結果受害者就愈來愈多」。年輕女性對此的回應則是在推特上創造了「倖存者特權」（#survivorprivilege）這個標籤，發出各種評論，例如「我都不知道，原來帶著創傷後壓力症候群（PTSD）、嚴重的焦慮症及憂鬱症生活是一種特權」，以及「『我應該保持安靜嗎』（#ShouldIBeQuiet）因為我一開口，每個人都說我在說謊」。威爾的專欄甚至根本沒有扭轉老舊的想法，認為女性天生就不可靠、所有這些強暴控訴根本不值一提，而我們應該繼續過日子就好。

今年稍早我自己也有過類似的經驗，當然事件規模相對很小。我在社群媒體上貼了自己幾年前發表過的文章片段，內容是關於加州在一九七〇年代的情況。馬上就有一位陌生人，這是一位富裕又有文化素養的男性，為了我寫的兩段文字描述自己過去在加州生活曾發生的事而斥責我（在我

---

* 譯注：閔希豪森男爵是十八世紀的德國貴族，曾為了俄羅斯帝國而參與俄土戰爭，戰後在貴族圈中根據自己的從軍生活捏造誇大不實的經歷而頗有名氣，甚至有作家以他為原型創作出滿口謊言的小說主角。

剛邁入青春期時就遇到幾個成年的嬉皮男子調戲），他怒不可遏，也不知道哪裡來的自信讓他認為自己能夠判斷此事，實在令人印象深刻。他有一部分的發言說道：「妳的文字已經誇大到超越了事實，所謂的『證據』還不如福斯新聞的記者。妳『覺得』是真的所以就說是真的，要我說，那叫『胡說八道』。」我應該要提供證據，好像針對幾十年前發生的幾件事還有可能找到證據，我就像是扭曲事實的壞人，我是主觀的卻還相信自己很客觀；我感覺到了什麼，卻將感覺混淆成了思考或認知，這樣的長篇大論讀來多麼熟悉，這樣的怒氣更是熟悉。

如果我們能夠辨認出這套貶低可信度的一貫手法或甚至為之命名，那麼每一次有女性開口時就能夠繞過重複這段關於可信度的對話。再說一件卡珊卓的事：在這段神話故事最為出名的版本中，她遭到阿波羅詛咒沒有人會相信她所說的預言，這是她拒絕與太陽神歡好才得到的結果。一直以來，失去可信度這件事都和主張自己身體的權利息息相關，不過面對在我們身邊這些現實生活中的卡珊卓，我們只要自己下定決心該相信誰、為什麼，就能解除這樣的詛咒。

第八章

#YesAllWomen
女性主義者重寫故事
二〇一四

插圖請參考：

https://anateresafernandez.com/telarana/tel05/

在思考世界盃中這是一場關鍵對決，各個團隊之間為了爭搶那顆球而激烈對戰。全明星女性主義者隊伍不斷嘗試著，要將球踢進標著廣泛社會問題的球門，但是由主流媒體和多數男性所組成的對手隊伍則意圖讓球落入比較常見的球網中，稱之為獨立事件，而為了保護自己守衛的球網，主流隊伍的守門員一次又一次大喊著「精神疾病」。那顆「球」指的當然就是發生在加州艾拉維斯塔（Isla Vista）的屠殺事件所代表的意義，一名大學生在此殘忍殺害了其他數名學生。

整個週末，許多人紛紛發聲想要定義兇手的行動，主流媒體上的聲音堅稱他患有精神疾病，彷彿這樣一切就沒事了，彷彿這個世界分裂成了兩個國家，一個叫理智、一個叫瘋狂，兩國之間互不接壤也沒有共通的文化。但是精神疾病更多時候是程度高低的問題，而不是一種分類，再說有相當多飽受精神疾病所苦的人卻是性情溫和善良。而且從許多方面衡量之下，包括了不公義、貪得無厭和生態破壞也是一樣，瘋狂其實是我們社會的核心，而不僅僅是蟄伏在邊緣，正如卑劣這樣的性格。

去年有一篇十分有趣的社論文章，美國心理人類學家譚雅・魯爾曼

（Tanya M. Luhrmann）指出，在印度的思覺失調症患者出現幻聽時，很可能會聽到聲音叫他們去打掃房子，但是在美國則更可能會聽到聲音叫他們使用暴力。文化是關鍵。或者就像我有位專長研究刑事辯護的朋友，對瘋狂和暴力有相當深入的了解，便這樣說道：「如果一個人開始跟現實脫節，生病的大腦就會執著而充滿妄想地要攀住自身所浸淫的環境，也就是周邊文化中的疾病。」

艾拉維斯塔一案的兇手也不斷被冠上「異常」，好像是要強調說他跟我們其他人完全不同，但是在我們身邊隨處可見這類暴力的不同形式，最顯眼的就是愈來愈常見針對女性的厭惡與暴力。

到最後，該如何解釋單一男性進行殺戮盛宴的爭辯結果，或許就是女性主義歷史上的分水嶺時刻，一直就是努力著要去命名定義、要發聲並讓人聽見。故事展開策略中心（Center for Story-Based Strategy）稱此為「故事之戰」，因為你的抗爭結果是贏是輸，很大一部分都端賴你所使用的語言與敘事。

正如媒體評論家珍妮佛．波茲納（Jennifer Pozner）在二〇一〇年便針對另一起討厭女性的男性所犯下的屠殺案表示：

我實在煩都煩死了，老是得這樣一次又一次不斷寫著同樣主題、內容相差不遠的文章或部落格貼文，但是我必須寫，因為在所有這些案件當中，這些犯罪的核心都是基於性別而犯下的暴力，而若是不去探究這項動機因素，不僅僅會讓大眾無法得知眼下這件事的完整確切全貌，也會讓我們無法分析並了解其情境，而有了這些才能夠理解暴力、認清警訊並採取行動來避免未來發生類似的屠殺。

艾拉維斯塔一案的兇手是男女皆殺，不過開槍打死姐妹會的成員似乎一直都是他這場暴行的目標，他顯然認為自己缺乏和女性發生性經驗的機會是女性對他的冒犯行為，在他內心自認擁有的權利與自憐自艾混合而生出的可悲心態之下，認為女性應該要滿足他的願望。

#YESALLWOMEN

其中一名年輕受害者的父親理查·馬丁尼茲（Richard Matinez）在全國電視節目上的發言鏗鏘有力，大談槍枝管制，批評那些屈服於槍枝遊說的政客太沒擔當，同時談論到這類慘劇更大的起因。他是聖塔芭芭拉郡的公設辯護人，幾十年來都在應付對女性使用暴力的人、槍枝使用者以及精神疾病等問題，而他的每一位同僚都是如此。這場屠殺血案的問題確實就在於槍枝、有毒的男子氣概及應得權利，同時還包括悲苦感、老調重彈以及用動作電影中的做法來解決情緒問題等等，最重要的是，問題在於對女性的憎恨。

後續有許多女性主義者發起對話，而其中一次講述到的便是一位年輕女性，她在網路上的暱稱為凱伊（Kaye，自從她發聲之後就不斷受到騷擾，或者恐嚇逼她不再公開發言），在那場屠殺之後的週六某個時候，她決定要開始以 #YesAllWomen 這個標籤開始發推特，到了週日晚上，世界各地已經出現了五十多萬則 #YesAllWomen 推特，就好像水壩潰堤一般。或許確實如此，這個標籤描述了女性所面臨的困境和恐怖，尤其要批判一個制式的男性回應，每次只要有女性談論自己遭受的壓迫，總會有人說：「不是所有男人都這樣。（Not all men.）」

這就是某些男人想說「問題不在我身上」的方式，或者他們要轉移對話的焦點，從實際的屍體及受害者還有加害者移開，轉而關心旁觀男性的心理舒適區。一位對此相當惱怒的女性便對我說：「他們想怎麼樣？為了自己沒有毆打、強暴或者威脅女性而得到餅乾當獎賞嗎？」女性無時不在害怕遭到強暴及殺害，有時候討論這件事要比保護男性的心理舒適區更重要。或者就像一位叫做珍妮邱（Jenny Chiu）的網友所發的推特：「確實，#NotAllMen 都是厭女者及強暴犯，這不是重點，重點是 #YesAllWomen 都生活在恐懼中，擔心那些少數的厭女者及強暴犯。」

女性巧妙訴說著挖苦的話，其中也有男性（但大部分還是女性）。

- #YesAllWomen 因為我每次發推特說到女性主義就一定會收到語帶威脅、變態的回覆，出聲發言不應該讓我感到害怕。
- #YesAllWomen 因為我見過有更多男人為了這個標籤而生氣，卻不會為了發生在女人身上的事情而生氣。
- #YesAllWomen 因為如果妳對他們太好，妳就是「誤導他們」；而如果妳太沒禮貌，就可能招來暴力相向。不管怎麼樣，妳就是個婊子。

這是媒體發光發熱的時刻，在所有媒體平台上展開大量對話，包括臉書及推特上的百萬名用戶，這點很值得注意，因為要向直言不諱的女性發出強暴及死亡威脅，推特一直都是最受歡迎的工具。美國紀錄片導演兼作家亞絲特拉・泰勒（Astra Taylor）出版了新書《人民的平台》（*The People's Platform*），而正如她在書中所指出的，言論自由的語言被用來保護了仇恨言論，而仇恨言論本身就是試圖剝奪其他人的言論自由，要讓別人害怕得閉上嘴巴。

美國新聞記者蘿莉・佩尼是我們這個時代最重要的女性主義聲音之一，她寫道：

謀殺案的新聞爆發時，數位世界開始吸收並討論其意義時，我正準備要寫電子郵件給編輯要求幾天休假，因為出現了幾則特別恐怖的強暴威脅影響了我，讓我不住發抖，而我需要時間來整理思緒。結果我沒有利用這段時間休息，而是在寫這篇部落格文章，而且我是帶著又憤怒又悲傷的心情，不只是為了艾拉維斯塔屠殺案中的受害者，更是因為隨著人們仍然選擇容忍這種新厭女情緒的語言及心態，結果各個地方都有所損失……我再也受不了了，每一次我想要談論那些受害者和倖存者時，總會有人叫我要同理那個使用暴力的加害者。

我們的言語就是我們的武器

一九六三年，貝蒂．傅瑞丹出版了一本重要著作《女性迷思》(*The Feminine Mystique*)，她在書中寫道：「這個沒有名字的問題其實就是美國女性受到阻撓，無法成為擁有完整人類能力的人，而我們國家中因此而身心健康受損的受害人數比起任何已知疾病都要高。」接下來幾年間，這個問題有了好幾個名稱：男性沙文主義，然後是性別歧視、厭女情結、不平等以及壓迫；解方則是「女性解放」或者「女性主義」。這些詞彙如今看來或許已經是用到爛了，但在當時還很新鮮。

自從傅瑞丹發表了這篇宣言之後，女性主義的發展中有一部分任務就是命名，例如「性騷擾」一詞就是在一九七〇年代創造，而在一九八〇年代首次使用在司法系統當中，最高法院更在一九八六年給予該詞法律地位，然後在一九九一年提名克萊倫斯．湯瑪斯為最高法院大法官的參議院聽證會上，安妮塔．希爾作證指控這位前上司而引起軒然大波之後，這個詞彙就頻繁出現在各大媒體上。全由男性組成的訊問團隊對希爾咄咄逼人又態度粗暴，而參議院裡及其他地方的許多男性也無法理解，就算上司說了些好色下流的話、要求性服務，那又有什麼關係；或者他們乾脆否認了曾經發生這種事。

許多女性都十分憤怒，就像艾拉維斯塔事件之後的那個週末，那個時刻是對話風向改變的分水嶺，那些能夠體會的人努力想讓其他人也能理解，要啟迪某些人的心智、更新某些想法。貼在汽車保險桿上的貼紙「安妮塔，我相信妳」一時蔚為流行。如今在職場及校園中的性騷擾已經明顯減少許多，而受害人也能得到更多幫助，一部分就是多虧了希爾勇敢出面作證以及隨之而來的社會地震。

有許多能夠裁定女性權利存在的詞彙都是最近才創造出來的：例如，隨著法律開始對「家庭暴力」議題開始有（一點）興趣，這個詞彙便取代了「打老婆」。在美國仍然是每九秒鐘就有一名女性挨打，但是多虧了在一九七〇及八〇年代英勇的女性主義宣傳活動，女性如今能夠得到一些法律上的彌補措施，偶爾有用、偶爾能保護她，而且甚至更難得一見的是，能夠將對她施虐的人送去坐牢。一九九〇年，《美國醫學會雜誌》(*Journal of the American Medical Association*）報導指出：「美國衛生部醫務總監辦公室的研究發現，十五歲至四十四歲的女性受傷主因就是家暴，比起車禍意外、搶劫及癌症死亡的總數加起來還要更常見。」

我著手確認這項數據，結果跑到印第安納防治家暴聯盟（Indiana Coalition Against Domestic Violence）的網站，上面警告瀏覽者說他們在家中的網頁瀏覽歷史紀錄可能會遭到監控，並且提供家暴熱線電話號碼。這個網站告知女性，她們的施暴者可能會因為她們尋找資訊或說明自身情況而懲罰她們，外面的世界就是那樣。

我最近讀到很多令人震驚的東西，其中之一是《國家》(*Nation*）雜誌上的一篇文章，是關於一九六四年發生在紐約皇后區一處住宅區附近，凱瑟琳・「凱蒂」・吉諾維斯（Catherine "Kitty" Genovese）遭人殺害這起惡名昭彰的案件。作者彼得・貝克（Peter Baker）提醒了我們，當時有幾位鄰居從自家窗戶看見她遭到強暴殺害的部分經過，結果將這起陌生人殘忍的攻擊行為誤當成了一名男性對「他的」女人行使權利。「當然很重要的是，在當時男性對自己的妻子或交往對象使用暴力，大部分人都會認為這是私事。當然很重要的是，在一九六四年的法律當中認定，一名男性不可能強暴自己的妻子。」

而像是「熟人強暴」、「約會強暴」以及「婚內強暴」等詞彙在當時則還沒發明。

二十一世紀的語言

語言就是力量，當你將「折磨」轉換成「加強質詢」，或者把謀殺孩童轉換成「附帶損害」，就是破壞了語言能夠傳達意義，讓我們看見、感覺、關心的能力。但是這樣的作用力是雙向的，既可以用文字的力量來埋藏意義，也可以將之挖掘出來。如果你缺乏文字來描述某個現象、某種情緒、某個情況，就無法討論，也就是說無法集結起來處理問題，更不用說要改變。諸如「第二十二條軍規」、「活動扳手」、「網路霸凌」以及「百分之九十九與百分之一」等口語常用的詞彙，不僅幫助我們描述這個世界也有助於重塑世界。這點套用在女性主義上尤其是如此，因為女性主義運動的焦點就是要讓無聲之人能夠發聲、無力之人能得到力量。

我們這個時代最引人注意的其中一個新詞彙就是「強暴文化」，這個詞彙在二〇一二年底開始廣為流傳，當時在印度新德里以及美國俄亥俄州史杜本維爾高中所發生的性侵案件，成為各大新聞媒體的報導主題。一段措辭特別強烈的定義是這樣寫的：

強暴文化指的是一個強暴盛行的環境，其中認定對女性使用性暴力是正常行為，而且媒體及流行文化也會為其辯解。強暴文化會透過使用厭女語言、物化女性的身體，以及美化性暴力等行為而延續下去，因此創造出一個忽略女性權利及安全的社會。強暴文化會影響每一位女性，大部分婦女和女孩會因為強暴的存在而限縮自己的作為，大部分婦女和女孩都生活在對強暴的恐懼中，而普遍而言，男性則不然。正是因為如此，強暴才能成為一種有力的方法，將所有女性人口控制在次等於所有男性人口的地位上，即使有許多男性並不會去強暴別人，而許多女性也永遠不會成為強暴的受害者。

有時候我會聽到有人用「強暴文化」來特別描述所謂的「小夥子文化」

（lad culture），這是一些年輕男性所認同的一種次文化，總是語出嘲諷而帶著敵意挑釁。其他時候，這個詞彙則用來指稱主流文化，在其中的娛樂、日常不平等現象以及法律漏洞中總滲漏出厭女情結。這個詞彙能夠幫助我們不再假裝強暴只是異常行為、跟大環境的文化沒有關係，或者甚至是違背其價值。若真是如此，全美國女性中有五分之一（而男性則是七十一個當中有一人）就不會是遭受強暴後的倖存者；若真是如此，百分之十九的女大學生就不必面對遭到性侵的問題；若真是如此，軍隊就不會在蔓延開來的性暴力問題處理上走得跌跌撞撞。「強暴文化」一詞讓我們能夠開始從整個文化中去處理問題的根源。

「性權利」一詞在二〇一二年使用來指稱波士頓大學曲棍球隊的性侵害案件，不過你會發現更早之前就有人使用這個詞彙。我第一次聽到這個詞是二〇一三年BBC報導了亞洲強暴案件的研究，研究結論說在許多強暴案件中的動機就是認為男性有權利和女性發生性關係，而不必理會她願意與否，也就是說他的權利更勝於她的，或者說她根本沒有權利。這種認為自己應該擁有性關係的想法到處可見，許多女性都聽說過，就像我自己年輕時也聽過，我們的行為、言語、穿著，或者僅僅是我們的外貌，或者是因為我們身為女性，都會激起別人的慾望，所以我們理所應當要滿足這樣的慾望。我們欠他們的，他們有權利，擁有我們。

男性會為了自己的情緒及性需求沒有得到滿足而大發雷霆，這樣的事情太讓人司空見慣，就像也有人認為你可以強暴或懲罰某個女性，藉此報復其他女性所做過或沒做過的事。今年春天，一名少女因為拒絕了一位男孩邀請她一同參加學校舞會而遭刀子捅死；一位育有兩個孩子的四十五歲母親在二〇一四年五月十四日遭到殺害，因為她想要跟自己正在交往的男性「保持距離」；在艾拉維斯塔槍擊案發生的同一天晚上，加州一名男子朝著拒絕性邀約的女性開槍。在艾拉維斯塔屠殺案之後，「性權利」這個詞彙突然隨處可見，部落格、新聞評論和對話中都開始認真探討而顯露出憤怒。我認為二〇一四年五月是這個詞彙正式進入日常談話的時間點，能夠幫助人們辨識出這樣的現象並鄙視之，有助於讓情況改變。語言確實很重要。

大大小小的犯罪

二〇一四年五月二十三日，一位二十二歲的青年殺害了六名同學，還打算在自殺之前再多殺一些人，他將自己的不幸歸咎於其他人的錯誤而非自己的，並且發誓要懲罰那些年輕女性，因為他相信就是她們拒絕了他。事實上，他已經一再這麼做了，這些比較輕微的暴力行為就預示了他最後的爆發。在他冗長、悲傷且帶著有自敘意味的抱怨當中，他回憶起自己上大學的第一週：

我看見兩個火辣的金髮女孩在公車站等著，我那天穿著自己一件體面的襯衫，於是就看著她們微笑了。她們看著我，卻甚至沒有想過應該也對我微笑，只是又別過頭去，好像把我當傻瓜。我憤怒之下就開車掉頭回去，停在她們的公車站前，然後把手上的星巴克那堤咖啡潑得她們全身都是。我看見咖啡弄髒了她們的牛仔褲，感到一股充滿惡意的滿足感。那兩個女孩竟然敢這樣瞧不起我！她們竟然敢這樣侮辱我！她們活該受到我的懲罰，只是我的咖啡不夠燙，不然就能燙傷她們，實在太可惜了。那兩個女孩就該被丟進滾水裡，居然敢冒犯我，沒有給予我完全應該得到的注意力和愛慕！

家暴、男言之癮、強暴文化以及性權利是其中幾種重新定義世界的語言工具，說明了許多女性每天要面對的問題，並開啟了開始改變世界的管道。

十九世紀的地質學家兼探勘任務領隊克萊倫斯．金恩（Clarence King）以及二十世紀有幾位生物學家都曾使用「間斷平衡」一詞，來描述一種變化的模式，當中有相對停滯的緩慢寧靜期，中間穿插著變化劇烈的插曲。女性主義的歷史就是屬於一種間斷平衡，其中我們對於自己身處世界的本質進行對話，而在意外事件所造成的壓力下就會突然往前猛衝，這就是我們改變敘事的時候。

我們如今處在十分緊急的機運危機當中，不是只有一個悲慘而意圖謀殺的年輕男性，而是我們所生活的整個社會結構都要面對質疑。在艾拉維斯塔的那個星期五擾亂了我們的平衡，就像地震釋放板塊之間的壓力，性別的領土也有了一點變動。這樣的變動並不是因為那場屠殺，而是因為上百萬人集結起來組成一片浩瀚的對話網絡，互相分享經驗、重新思考意義和定義並且產生出新的理解。在加州各地的紀念會上，人們舉起了蠟燭；而在這場對話中，人們提起了想法、文字以及故事，同樣在黑暗中閃閃發光。或許這波變化會有所成長、會持續下去、會有所意義，而且會成為受害者長久的記憶。

六年前我坐下來撰寫〈男言之癮〉一文時，讓我意外的是，雖然文章是以一段自以為是的男性看扁我的荒謬故事開始，結果卻是以強暴和謀殺結束。我們通常會認為暴力和濫權都是屬於界線嚴謹的分類中：騷擾、恐嚇、威脅、毆打、強暴、謀殺，但是我現在明白了，我要說的是：這是一道滑坡。這就是為什麼我們要討論這道斜坡，而不是要區分出各種不同型態的厭女然後個別處理，這麼做就代表切割了整體畫面，只見樹而不見林。

一個男人有所行動是因為相信你沒有發聲的權利，而且妳無權定義發生了什麼事，他可以只是在晚餐桌上或會議中打斷妳的發言，也可以是叫妳閉嘴，又或者在妳張開嘴巴時語出威脅，或者為了妳開口說話而出手毆打，或者殺了妳好讓妳永遠閉嘴。他可能是妳的丈夫、父親、上司或編輯、某場會議或火車上遇見的陌生人，又或者是妳從來沒見過的人，他的怒氣其實是為了其他人卻又認為「女人」這個類別很小，所以妳也能替代「她」。他就是要告訴妳，妳沒有權利。

威脅通常都在行動之前出現，因此在網路上收到強暴及死亡威脅的目標才會認真看待，但很可惜，那些允許威脅出現的網站以及通常不管這些威脅的執法機關人員顯然並不這麼想。有相當多女性在離開男友或丈夫後就遭到殺害，因為這些男人相信他擁有她，而她沒有決定自己未來的權利。

雖然這個主題說來令人悲傷，不過我對於最近女性主義所展現出的力量相當佩服。看看新聞記者亞曼達．赫斯（Amanda Hess）、作家潔西卡．瓦倫蒂（Jessica Valenti）、作家索拉雅．許馬利（Soraya Chemaly）、蘿莉．

佩尼、記者亞曼達・馬爾寇特（Amanda Marcotte）、珍妮佛・波茲納以及其他更年輕的女性主義者，在艾拉維斯塔屠殺案中兇手羅德傑斯（Elliot Rodger）讓眾人心寒、而推特上突然爆發的 #YesAllWomen 討論又令人震驚之時，她們在這個週末馬上付諸行動。許多男性發言說出體貼而能理解的話語，讓人十分感動，也有愈來愈多男性主動參與，而不只是說著「不是所有男人都這樣」的旁觀者。

你可以看見在主流媒體上各種曾經屬於激進的想法爭鳴，可以看見我們的論述以及定義世界的全新方式逐漸站穩根基、壯大聲勢。也許我們都只是厭倦到難以忍受，自從二〇一二年十二月桑迪胡克小學（Sandy Hook Elementary School）槍擊案之後又發生了四十多起校園槍擊案，我們實在無法再聽誰為了未管制槍枝辯護的言詞，不想再管男性對控制與報復幻想的報酬，不想再聽誰說對女性的憎恨。

如果回頭想想貝蒂・傅瑞丹所謂「沒有名字的問題」，你會看見一個跟我們現在生活的世界截然不同的地方，那裡的女性所擁有的權利少得可憐，也沒什麼機會能夠發聲。在那個時候，主張女性應該與男性平等的論述立場根本沒人理會，而如今在世界的這個地方，主張我們不應該平等才會沒有人理，而且法律大部分也支持我們。這場奮戰一直都是、未來也會是漫長而艱辛，有時候也很難看，而且女性主義要面臨的反彈聲浪仍然粗暴、強烈而且無所不在，但是這股力量並未得勝。世界已經出現天翻地覆的變化，還需要改變得更多，而在那個週末裡眾人才剛經歷過哀悼、暗自省思並交談，可以看見改變正在發生。

第九章

潘朵拉的盒子與志願警力

二〇一四

插圖請參考：

https://anateresafernandez.com/foreign-bodies-paintings/entre_1/

每每說到女權及女性主義的歷史，經常就像是在說那個人老早就該抵達最後一塊里程碑，或者進度還是不足，無法走到最後那一步。在千禧年左右，許多人似乎都在說女性主義已經失敗了、玩完了。另一方面，在一九七〇年代有一場很棒的女性主義展覽，主題是「你的五千年大限已到」（Your 5,000 Years Are Up），以諧趣的方式模仿所有那些對獨裁者及暴政的激動疾呼，喊出你的(請填空)年大限已經到了，同時也是表明重要的論點。

女性主義所致力的目標是要改變一個非常古老、傳播甚廣而根深蒂固的東西，深植於許多（或許是絕大多數）世界各地的文化、無數機構以及地球上大部分家庭中，同時也存在於我們心中，這裡就是一切的開端及終點。能夠在四、五十年間做出這麼多改變實在很神奇：雖說每一件事都沒有永遠、絕對、不可逆的改變，但這並不代表失敗。一個女人走上一條長一千里的路，她出發二十分鐘之後他們就稱她還有九百九十九里路要走，而且永遠也無法成功。

這是需要時間的，路上有里程碑，但是這條路上有太多人按照各自的步調一同前行，也有些人是後來才跟上來的，還有人努力想要阻止所有往前進的人，更有少數人倒退著走或者是搞不清楚自己應該往哪個方向走。即使在我們自己的人生當中，我們也會倒退、失敗、繼續、再嘗試、迷失，而有時會跨出一大步，發現我們不知道原來自己在尋找的東西，但是仍然會懷抱著好幾個世代以來的矛盾。

道路是一幅很漂亮的意象，很容易想像，不過會誤導我們以為改變及轉變的歷史是一條直線路徑，以為可以描述出南非、瑞典、巴基斯坦和巴西等國家都是一同齊步往前行進。我喜歡另一種譬喻，所表達的並非進步而是不可逆的改變：潘朵拉的盒子，或者如果你喜歡的話，也可以說是《天方夜譚》（*Arabian Nights*）中的瓶中精靈（或稱鎮尼〔djinni〕）。談到希臘神話中的潘朵拉，通常都會強調打開瓶子的女人擁有危險的好奇心（其實眾神給她的是瓶子，不是盒子），結果將所有不幸都釋放到世上。

有時候會強調還留在瓶子裡的東西：希望。但是我現在覺得很有趣的是，就像在阿拉伯傳說中的精靈或者強大的神靈，潘朵拉所釋放出的力量並不會回到瓶子中。亞當和夏娃吃了知善惡樹上的果實，從此便不再無知（有些古老文化中會感謝夏娃讓我們擁有完整的人性與感知）。沒有回頭路可走。你可以廢止女性在一九七三年獲得的生殖權，當時最高法院透過羅訴韋德案（Roe v. Wade）而讓墮胎合法化，或者應該說最高法院裁決女性對自己的身體擁有隱私權，因此排除了禁止墮胎的可能性。但是，女性確實擁有某些不可剝奪的權利，而你無法如此輕易就廢止這樣的思想。

有趣的是，為了合理化這樣的權利，大法官援引了第十四條修正案，也就是在一八六八年採用的美國憲法修正案，這是在南北戰爭之後，為了先前遭奴役的人建立權利與自由地位的一部分，因此你可以看看最終催生了第十四條修正案的反奴隸運動（女性積極參與其中，而女性主義者也有所影響），然後發現在一百多年之後，這條修正案居然變成專為女性所用了。「小雞總會回家睡覺」這句話本來是說你造的業要自己擔，不過有時候回家的鳥兒也會是禮物。

跳脫盒子的思考

回不到瓶子或盒子裡的是思想，而革命最重要的就是由思想組成。你可以削弱生殖權，就像美國多數州內的保守派所做的那樣，但是你無法說服大多數的女性說她們不應該擁有控制自己身體的權利。在心智的思想改變之後，隨之而來就會是實際作為的改變，有時候在那些改變之後會跟著出現法律上、政治上、經濟上及環境上的改變，只是並非必然，畢竟權力落在誰手上還是很重要。如此舉例來說，大多數美國人在民意調查中都表示，願意看到和我們現在非常不同的經濟規劃，而且大多數人也願意看見應付氣候變遷的方式出現劇烈變化，比起掌控這些決策的大企業以及制定決策的人更加樂見。

不過在社會場域中，想像力的力量更加強大，而在想像力發揮作用結果最戲劇化的場域就是為同性戀及跨性別人士爭取權利。不到半個世紀前，除了徹頭徹尾的異性戀之外，對待其他性向若不是當成犯罪就是精神疾病，又或者兩者皆是，然後要嚴厲處罰。面對這樣的對待不只沒有保護的方法，更有法律規定要對這些人進行迫害及排斥。

人們講起這些了不起的轉變，經常會當成立法政策的故事及改變法律的特定宣傳，不過背後其實隱含著想像力的轉變，讓所謂的恐同症這種無知、恐懼和憎恨變得愈來愈少。美國人的恐同症似乎正在穩定減少中，比較像是老年人的特色而非年輕人，而是文化觸發了這樣的減少，也要歸功於無數酷兒踏出稱為櫃子的盒子，公開站了出來。在我寫這篇文章的當下，南加州一所高中才剛選出一對年輕的女同志情侶成為返校舞會雙后，而紐約一所高中的學生也投票選出一對男同志是最可愛的情侶，這些或許只是少數幾例高中生的人氣事件，但是在不久之前，根本不會有人想到可能發生這樣的事。

值得注意的是（我在本書中的〈稱頌威脅〉一章中也提過），婚姻能夠延伸到兩名同性別的人，這樣的概念已經變得更加可行，這是因為女性主義者將婚姻從過去所處的階級制度中解放出來，將之重新塑造成兩個地位平等的人之間締結的關係，而會受到婚姻平權這個概念威脅的人從許多線索來看，其實是因為異性戀情侶和同性戀情侶享有平等權利的概念威脅到他們。解放是具有傳染力的計畫，就說小雞總是要回家睡覺的。

恐同症和厭女情結一樣仍然相當可怕，只是沒有過去那麼可怕，例如一九七〇年那時候。要找到方法去讚賞如今的進展而不要沾沾自喜，可不是件簡單的事，必須懷抱希望而積極主動，同時將眼光放在前方的大獎上。若是說一切都很好，或者情況不會再繼續變好，這樣哪裡也去不了，或者說想去哪裡都不可能了。不管是哪種方式都暗示著前方已經沒有路了，或者就算有路，你也不需要走上去，或者走不下去。但是你可以，我們也走上去了。

我們前方還有很長一段路要走，但是回頭看看自己已經走了多遠可以振奮人心。過去大部分的家暴都是看不見的、也不會受到懲罰，一直到幾十年前女性主義者勇敢揭發出來又狠狠打擊，這才有了改變。雖然現在的報案數量有非常顯著的提升，多數地方的執法機關卻做得很爛，不過認為「丈夫有權利毆打妻子、這是私事」，這樣的想法短時間之內大概回不來了。精靈不會回到瓶子裡，而革命確實就是這樣運作的，革命最首先的要素就是想法。

傑出的無政府主義思想家大衛・格雷伯（David Graeber）最近寫道：

> 什麼是革命？我們曾經以為自己知道。革命就是以人民的力量來奪取權力，意圖轉變發生革命該國內的政治、社會及經濟體系本質，通常所依據的是某個對公正社會的理想之夢。如今我們生活的這個時代，如果叛軍真的揮軍入城或者人民大舉起義推翻獨裁者，就不可能有這樣隱含的意義；若是真的出現了天翻地覆的社會變化，比方說就像女性主義的崛起，有可能會以完全不同的形式出現。並不是說革命的夢想已經不復存在，而是說當代的革命分子不大會認為自己能夠做到，在現代達成相當於攻破巴士底監獄這樣的壯舉。在這樣的時刻，通常就應該回首看看我們已經知道的歷史並問道：革命真的就是我們以為的這個樣子嗎？

格雷伯認為確實不是，革命主要並不是為了在單一政權中奪取權力，而是誕生新想法與機構的動盪，後續影響就會擴散開來。如他所說：「一九一七年的俄國革命是一場世界性的革命，最終不只推動了蘇維埃共產主義，也造就了美國的新政（New Deal）和歐洲的福利國家。」這表示一般認為俄國革命只帶來了災難，這樣的觀念可能要澈底顛覆。他繼續說：「這一系列行動的最後一場是一九六八年的世界革命，那時就跟一八四八年差不多，從中國到墨西哥幾乎各地都爆發示威，沒有哪個地方奪取了權力，但仍然改變了一切。這場革命是為了對抗國家官僚、為了不可分割的個人及政治自由而戰，而事後流傳最長久的影響可能就是現代女性主義的誕生。」

志願警力

所以，貓已經溜出袋子，精靈也跑出瓶子，潘朵拉的盒子打開了，已經沒有回頭路。但是，仍然有許多力量試圖想把我們往後推或至少要阻止我們前進。在我最陰鬱憂愁的時候，我有時候會覺得女性可以選擇，一是為了不願屈服而遭受懲罰，二是屈服之後繼續受罰。如果想法無法再回到盒子中，還是有很多人費盡心力試著要將女性逼回她們原本的位置，或者是厭女者認為我們所歸屬的位置，也就是一個安靜而沒有權力的位置。

二十多年前，蘇珊・法露迪(Susan Faludi)出版了一本重要著作《反彈：對付美國女性的未宣之戰》(*Backlash: The Undeclared War Against American Women*)，書中描述了當下女性所受到的雙重束縛：眾人恭賀她們擁有了完整的自由與權力，同時卻又受到一大堆文章、報導及書籍的攻擊懲罰，告訴她們獲得自由之後也變得悲慘，她們變得不完整了、錯過許多、失去許多，變得寂寞又絕望。「每個地方都豎立起這樣的絕望公告欄，包括報紙攤、電視機、電影院、廣告、診所和學術期刊，」法露迪寫道，「美國的女人怎麼能夠在她們應該最有福氣的同時也惹上這麼多麻煩？」

法露迪的答案認為有一部分是因為，雖然美國女性在爭取平權上並沒有許多人所想得這麼成功，卻也沒有像報導出來的那樣飽受苦難。那些文章是一波反彈，試圖想將那些仍然在向前進的人往後推。

關於女性有多麼悲慘、多麼絕望，這樣的訓導之語一直沒有消失，以下引述自二〇一二年底出刊的雜誌《n+1》，評論著近來刊登在《大西洋》（*Atlantic*）雜誌上一連串針對女性的反駁文章：

> **女士們，聽著，**這些文章說，**我們有話要跟妳們說，用一種有所保留而意在詆毀的口氣**。每一位女性作家都提出了某一種「現代女性」所面臨的兩難，並且願意用自己的人生當成案例研究……這些女性所描述的問題都不一樣，但外表看起來則相同：傳統的性別

關係大概一定會保留下來，而確實進步的社會變遷則終告失敗。《大西洋》的態度溫和，就像個好朋友一般，告訴女性她們現在可以不必再假裝自己是女性主義者了。

一支志願者組成的警力努力想要讓女性留在原地或者將她們拉回去，網路世界隨處可見針對那些挺身而出的女性發出強暴及死亡威脅，大多數都是匿名，而這些女性或許就是參與了線上遊戲或者對某個爭議性議題發聲，或甚至是針對那位最近遊說主張要在英國鈔票上使用女性圖像的女性（這個案子比較特殊，因為有許多威脅她的人確實都被找了出來並繩之以法）。就像英國作家凱特琳．莫蘭（Caitlin Moran）的推特貼文所言：「有些人會說『抱怨什麼？封鎖就好了』，我要告訴他們，在酸民活動高峰的一天，一個小時可能就會收到五十封含有暴力／強暴的訊息。」

或許現在已經是全面開戰，不是性別之間的戰爭，畢竟分類並不是那麼簡單，有些保守派女性和進步派男性會站在不同邊，這是一場關於性別角色的戰爭。這證明了女性主義和女性持續有所進展，因而威脅到並激怒了某些人，那些強暴及死亡威脅就是最直接的回應，而比較委婉的版本則是法露迪與《n+1》雜誌所引述的那些文章，告訴女性我們是誰、我們未來應該做什麼，同時也告訴女性我們可能無法達成什麼。

而還有不經意出現的性別歧視總是想要束縛住我們：《華爾街日報》（*Wall Street Journal*）的一篇社論怪罪母親造成了小孩沒有父親，丟出了一個詞彙叫做「女性事業心」（female careerism）。《沙龍》（*Salon*）雜誌的作家亞曼達·馬爾寇特提出：「順便告訴各位，如果在 Google 搜尋『女性事業心』會找到一大堆連結，但如果改找『男性事業心』，Google 會問你是不是其實想找『男性事業』或者甚至是『馬勒職位』*。『事業心』指的是積極尋求有薪酬的雇傭工作，而這種接近病態的痛苦需求顯然只會影響女性。」

然後還有各種八卦小報不斷巡邏注意著女性名人的身體及私生活，不斷在她們身上找到瑕疵，她們太胖、太瘦、太性感、不夠性感、單身太

---

* 譯注：原文「男性事業心」是 male careerism，在英文拼字上接近 mahle careers，意思就是馬勒汽車製造公司的職位。

久、還沒生小孩、錯過生小孩的時間、生了小孩卻沒好好養育小孩——而且總是認定她們每一個人的志向並非成為偉大的演員或歌手、為自由發聲或勇敢冒險，而是要成為妻子與母親。回到盒子裡吧，有名的女士們。（時尚及女性雜誌裡花費了許多版面要告訴妳如何自己追求那些目標，或者是如何欣賞自己身上與這些目標相關的缺點。）

法露迪在她一九九一年出版的傑作當中下了結論：「但是，即使集結了所有反彈的力量……女性從來就沒有真正投降。」保守派人士如今的抗爭大多都是最後的拚搏，努力想要重新組建一個從來就不如他們想像中那樣存在過的世界（退一萬步說，就算真的存在過，其存在的代價就是所有人，或至少是絕大多數的我們，被迫要消失、躲進櫃子、廚房、被隔離開來的空間裡，要隱身、沉默）。

多虧了有人口統計學，保守派的進逼不會發揮作用，因為美國不會再度變成多數由白人組成的國家，而且因為精靈不會回到瓶中、酷兒不會回到櫃子裡，而女性也不會投降。這是一場戰爭，但是就算我們在短時間之內還不會獲勝，我也不相信我們會輸；而是說，我們贏了幾場戰役、有幾場在拉鋸中，而當多數女性仍在受苦的時候，也有一些女性過得非常好。情勢持續在改變，看來有趣，有時候甚至是幸運的。

男性想要什麼？

女性永遠都是臣民，就很像是受到統治、或征服，或甚至是一個從屬國。相較之下就沒有幾篇文章會去討論男性開不開心，或者為什麼他們的婚姻也失敗了，又或者他們的身材有多好或多不好、甚至是電影明星的身材。他們這個性別群體犯下絕大多數的罪行，尤其是暴力犯罪，而且自殺人數中他們也占了多數。美國男性在上大學的人數上少於女性，而且在現在的經濟衰退中處境也落後女性更多，因此看起來男性應該是相當有趣的研究對象。

我認為在未來我們可能不會再稱之為女性主義，而這個東西必須加入對男性有更深層的探究。女性主義從過去到現在一直在尋求的就是改變整個人類世界，許多男性也主動加入這項計畫，不過至於這對男性有何益處、而現狀又是如何同樣對男性有害，則需要更多深思熟慮，同樣需要思考的還有探究不斷犯下大多數暴力、威脅與憎恨的男性，也就是製造暴亂的這一群志願警力，以及鼓勵這些行為的文化。又或許，這樣的探究已經開始了。

在二〇一二年底，兩起強暴案引發世界各地的熱烈關注：在新德里發生的裘蒂・辛格遭輪暴致死案，以及史杜本維爾高中的強暴案，其中牽涉到的加害者及受害者都是青少年。這是我記憶當中第一次見到有這麼多人在討論女性所受到的日常襲擊，差不多就和過去發生過的動用私刑案、同志霸凌以及其他憎恨犯罪一樣：這些案子被當成了一種廣傳現象的範例，人們已經不能忍受，而且不只是個別的檢察機關，整個社會都必須正視這個問題。強暴一直都被視為異常加害者所造成的個別案件（或者是無法克制的自然衝動或是受害者的行為使然），而非文化導致的一種犯罪模式。

對話出現改變，「強暴文化」這個詞彙開始廣為流傳，堅定主張是更普遍的文化造就了個別犯罪，而兩個問題都必須有所應對，也可以這麼做。這個詞彙最早是女性主義者在一九七〇年代使用，不過從證據上來看，有愈來愈多人開始使用的關鍵點是二〇一一年開始的蕩婦遊行（Slutwalk），這是為了抗議檢討受害者的行動。

加拿大多倫多一名員警在大學中跟學生談談安全問題，他告訴女學生不要穿得像個蕩婦。不久之後，蕩婦遊行就成為了國際間的流行現象，參與的人大多都很年輕，許多打扮性感的女性要奪回公共空間（有點像一九八〇年代的「奪回夜晚」〔Talk Back the Night〕遊行，不過妝化得更濃、衣服更少）。年輕的女性主義者看了就讓人振奮不已：聰明、大膽又風趣，捍衛著自己的權利並要討回空間，也改變了對話。

那位員警的「蕩婦」評論也是大學中所強調的一部分，學校總是叮囑女學生如何將自己裝在安全的盒子裡，不要去這裡、不要做那個，卻不會告訴男學生不要強暴：這就是強暴文化的一部分。但是如今興起了一陣全國性的運動，組織的人大多是女大學生，當中有很多人都是校園性侵害的倖存者，她們要迫使大學改變處理這類性侵案件的方法。同樣，在軍中也出現一波運作要處理愈來愈常見的性侵害，最後成功推動了真正的政策改變與起訴。

新女性主義要以新的方法讓眾人看見問題，或許現在才有可能使用這些方法，也才能改變了這麼多。亞洲一份強暴研究結果發現其隨處可見的本質，這樣的結論令人心驚，不過研究中也提出了「性權利」一詞來解釋為什麼會發生這麼多起強暴案。這份報告的作者艾瑪．傅路博士（Dr. Emma Fulu）說：「他們相信自己有權利和女性發生性關係，不必在乎其意願。」也就是說，她沒有權利。他們是從哪裡學來的？

正如作家瑪麗．許爾（Marie Sheer）在一九八六年的評論，**女性主義「是以激進的方式提醒眾人，女人是人」**，這個概念並非所有人都能接受，卻還是流傳開來了。不斷改變的對話也讓人振奮，就像有愈來愈多男性參與了女性主義。男性支持者一直都在，一八四八年在紐約塞內卡福爾斯（Seneca Falls）舉行了第一次女性權利大會，會中簽署了一份呼應了獨立宣言的宣示書，而在一百名簽署者中就有三十二名是男性。不過，一般仍然認為這是女性的問題。然而就像種族歧視一樣，厭女問題若只有受害者在討論也是永遠都有所不足，而理解的男性也知道，女性主義並非想要剝奪男性權利的陰謀，而是想要解放我們所有人的運動。

我們需要從中解放的還有更多：或許是一套獎勵競爭、無情、短視思考以及強硬個人主義的系統，這套系統太容易造成環境破壞和沒有限度的消費，也就是可以稱之為資本主義的模式。這套系統中包含著最糟糕的那種大男人主義，同時又摧毀了地球上最美好的事物。有比較多男性能夠適應良好，但其實這套系統對我們哪個人都沒好處，你可以看看像是墨西哥的薩帕塔革命（Zapatista revolution）這類運動，其革命理想的範圍相當廣，納入了女性主義之外還有環境、經濟、原住民和其他面向。這或許就是女性主義的未來，也就是不只有女性主義，或者可能是如今的女性主義：薩帕塔軍隊於一九九四年崛起，如今仍然在發展當中，同樣地還有其他無數個計畫也在重新想像我們是誰、我們想要什麼，以及我們可以如何生活。

我在二〇〇七年底參加了當年度在墨西哥拉坎登叢林（Lacandon Jungle）舉行的薩帕塔大會，這次大會的焦點是女性的聲音及權利，會中有許多女性挺身說出動人的故事，描述自己藉由革命而在家中、社群中獲得權利之後，生活有何改變。「我們過去沒有權利。」其中一人談到起義之前的那段日子，而另一人則表示：「最令人傷心的是，我們以前無法理解自己的困難、為什麼會受到虐待，從來沒有人跟我們說過我們的權利。」

路就在這裡，或許有一千里長，而走在路上的女性並非走在第一里路上。我不知道她還要走多遠，但是我知道，無論如何她並沒有後退，而且她並非獨自前行，或許還有無數的男男女女，以及性別認同更加有趣的人們。

潘朵拉的盒子就在這裡，還有釋放出精靈的瓶子，現在看起來彷彿是監獄和棺材，有人在這場戰爭中死去，但想法卻是無法抹滅的。

謝詞

有太多人要感謝了。瑪麗娜・辛特林是我非常好的朋友兼支持者，《男言之癮》就是在她的鼓勵下寫成，而一部分也是為了她的妹妹珊・辛特林；另外莎莉・沙茨（Sallie Shatz）帶我去了科羅拉多那場奇怪的派對，那是一切的開端。我和眾多女性主義者都有交情，老一輩中比較值得一提的有露西・利帕德（Lucy Lippard）、琳達・康納（Linda Connor）、梅莉黛・魯本斯汀（Meridel Rubenstein）、艾倫・曼徹斯特（Ellen Manchester）、哈夢妮・哈蒙德（Harmony Hammond）、瑪琳・威爾森・鮑威爾（MaLin Wilson Powell）、潘美・金恩費雪（Pame Kingfisher）、凱莉・丹恩（Carrie Dann）及瑪麗・丹恩（Mary Dann）、寶琳・艾斯蒂維斯（Pauline Esteves）以及梅伊・史蒂文斯，她們都非常重要且強大，就像年輕一輩的許多女性主義者，包括克莉絲汀娜．格哈特（Christina Gerhardt）、桑娜拉．泰勒（Sunaura Taylor）、亞絲特拉．泰勒、安娜．泰瑞莎．費南德茲、伊蓮娜．亞謝維多．戴爾庫特（Elena Acevedo Dalcourt）等等，還有其他許多人，她們對性別政治有敏銳的理解與認知，讓我對未來充滿希望，同時在我的生活中及媒體上現在有許多男性也團結起來，努力理解議題並為之發聲。

但或許我應該從我的母親感謝起，她在《雜誌女士》（*Ms. Magazine*）一創刊就訂閱了，並且後來幾年都持續訂閱。我想那本雜誌幫助了她，不過她在接下來四十年間仍然不斷在順從及反叛這常見的衝突之間掙扎。我在孩提時期就已經囫圇吞棗讀過了《仕女居家刊物》（*Ladies' Home Journal*）以及《婦女生活圈》（*Women's Circle*），還讀過了所有其他我能找到的東西，這本新雜誌對我的閱讀口味是一道嗆辣的新菜色，也成為強大的工具，幫助我重新思考家庭內外現狀的許多面向。這對一九七〇年代的女孩子來說，生活並不會更簡單，不過確實更容易理解其原因。

我的女性主義教育有盛有衰，不過女性缺乏在城市中移動的自由讓我感觸最深，也是我在即將脫離青少年時期那幾年的親身感受，那時我身處在城市中經常會遭受攻擊，而似乎沒多少人認為這是個民權問題，或是危機，或者誇張的問題，而只是我用來解釋的理由，說明我為什麼應該搭計程車、要去上武術課，或者走到哪裡都要有男性（或武器）陪同，又或者要打扮成男人的樣子，或是要待在郊區。那些事情我一件都沒做，不過我確實對這個議題思考了許多（而對我來說，〈最漫長的戰爭〉就是要第三度造訪那片女性和公共空間的激戰之地）。

本書中所出現的文章在先前都發表過，經過編輯後收錄。〈最漫長的戰爭〉和書中的其他文章最早是出現在湯姆通訊網站，內文中嵌著連結能夠找到數據、注解和引言的來源，若要全部附注在書中會顯得很冗長，因此本書並未提供這些來源，不過在線上版本就能找到。

〈男言之癮〉、〈最漫長的戰爭〉、〈各個世界在一間豪華套房中碰撞〉、〈潘朵拉的盒子與志願警力〉還有〈#YesAllWomen：女性主義者重寫故事〉都發表在湯姆通訊網站。

〈稱頌威脅〉是我發表在《金融時報》（*Financial Times*）上唯一的一

篇文章，於二〇一三年五月二十四日登出，標題原為〈比其他的更平等〉（"More Equal Than Others"：http://www.ft.com/intl/cms/s/2/9659a2a-c349-11e2-9bcb-00144feab7de.html）。

〈祖母蜘蛛〉是為了《象鼻蟲雜誌》（*Zyzzyva Magazine*）的第一百期所寫的，這是一本在舊金山發行的文學刊物。

而關於維吉尼亞・吳爾芙的文章原本是一篇主題演講，二〇〇九年在福坦莫大學（Fordham University）舉辦的兩國第十九屆維吉尼亞・吳爾芙年度研討會發表。

〈身邊盡是一群變態的卡珊卓〉刊登在《哈潑》（*Harper's*）雜誌二〇一四年十月號，感謝該刊物同意收錄在本書中。

©Adrian Mendoza

關於作者

蕾貝嘉・索尼特（Rebecca Solnit）是作家、歷史學家也是社運分子，著作有十六本書，主題涵蓋環境、地景、社群、藝術、政治、希望和記憶等，包括《黑暗中的希望》（*Hope in the Dark: Untold Histories, Wild Possibilities*，這是她第一本湯姆通訊文集，收錄的文章最早在二〇〇三年發表）、《遠近》（*The Faraway Nearby: A Paradise Built in Hell: The Extraordinary*

Communities that Arise in Disaster）、《迷路圖鑑》（*A Field Guide to Getting Lost*）、《浪遊之歌》（*Wanderlust: A History of Walking*）以及《陰影之河》（*River of Shadows: Eadweard Muybridge and the Technological Wild West*，她以此書獲得古根漢獎金、國家圖書評論圈獎〔評論類〕以及朗南文學獎〔Lannan Literary Award〕），另外她還參與編纂了舊金山及紐奧良的全輿圖。她自幼稚園到研究所的學業都在加州的公共教育體系中完成，目前為《哈潑》雜誌的特約編輯，並經常為《衛報》撰稿。

圖片來源

作者照片：亞德里安．門多薩（Adrian Mendoza）

原文書每章均搭配一幅藝術家安娜．泰瑞莎．費南德茲（Ana Teresa Fernandez）的畫作，由費南德茲本人和溫蒂諾瑞斯畫廊（Gallery Wendi Norris）提供。費南德茲網站：https://anateresafernandez.com/

第一章

https://anateresafernandez.com/pressing-matters/pmatters05/
《無題》（表演紀錄），帆布油畫，6x8 英吋（15x20 公分），選自「緊急事件」系列。
"Untitled" (performance documentation), oil on canvas, 6"x8", from the series "Pressing Matters"

第二章

https://anateresafernandez.com/ablution/ab01/
《水瓶座》（聖地牙哥／提華納邊界的表演紀錄），帆布油畫，54x82 英吋（137x208 公分），選自「沐浴」系列。
"Aquarius" (performance documentation at San Diego/Tijuana border), oil on canvas , 54"x82", from the series "Ablution"

第三章

https://anateresafernandez.com/pressing-matters/pmatters01/

《無題》（聖地牙哥／提華納邊界的表演紀錄），帆布油畫，60x72 英吋（152x183 公分），選自「緊急事件」系列。

“Untitled” (performance documentation at San Diego/Tijuana border) , oil on canvas, 60”x72” , from the series “Pressing Matters”

第四章

https://anateresafernandez.com/ablution/ab03/

《無題》（表演紀錄），帆布油畫，70x80 英吋（178x203 公分），選自「沐浴」系列。

“Untitled” (performance documentation), oil on canvas, 70”x80”, from the series “Ablution”

第五章

https://anateresafernandez.com/telarana/tel01/

《無題》（表演紀錄），帆布油畫，72x60 英吋（183x152 公分），選自「蜘蛛網」系列。

“Untitled” (performance documentation), oil on canvas, 72”x60”, from the series “Teleraña”

第六章

https://anateresafernandez.com/telarana/tel07/

《無題》（表演紀錄），帆布油畫，72x60 英吋（183x152 公分），選自「蜘蛛網」系列。

"Untitled" (performance documentation), oil on canvas, 72"x60", from the series "Teleraña"

第七章

https://anateresafernandez.com/ablution/ab05/

《無題》(表演紀錄),帆布油畫,53x57 英吋(135x145 公分),選自「沐浴」系列。

"Untitled" (performance documentation), oil on canvas, 53"x57", from the series "Ablution"

第八章

https://anateresafernandez.com/telarana/tel05/

《無題》(表演紀錄),帆布油畫,8x10 英吋(20x25 公分),選自「蜘蛛網」系列。

"Untitled" (performance documentation), oil on canvas, 8"x10", from the series "Teleraña"

第九章

https://anateresafernandez.com/foreign-bodies-paintings/entre_1/

《入口 #1》(提華納/聖地牙哥邊境護欄的表演紀錄),帆布油畫,30x40 英吋(76x102 公分)

"Entre #1" (performance documentation at San Diego/Tijuana Border), oil on canvas, 30"x40" , from the series "Foreign Bodies"

國家圖書館出版品預行編目 (CIP) 資料

男言之癮：那些對女人說教的男人 / 蕾貝嘉 . 索尼特 (Rebecca Solnit) 著 ; 徐立妍譯 .
-- 初版 . -- 臺北市 : 經濟新潮社出版 : 英屬蓋曼群島商家庭傳媒股份有限公司城邦分公司發行 , 2022.11
面 ;　公分 . -- (自由學習 ; 39)

譯自 : Men explain things to me

ISBN 978-626-7195-05-5(平裝)

1.CST: 女權 2.CST: 女性主義 3.CST: 性別研究

544.52　　111015778